Se libérer et vivre la magie de la Vie

Transmis par Stéphane Colle

ISBN : 9781096758006

"Que la Paix, l'Amour et la Joie émergent de Vous
et s'installent dans votre vécu"

PREFACE

Je connais Stéphane depuis plusieurs années maintenant et notre collaboration a été riche d'enseignements et de partages sur le retour à notre divinité. À travers les interviews, puis les stages et les conférences que nous avons coanimés, j'ai été impressionnée par la transformation de Stéphane, son avancée vers Lui-Même et le retour à son Unité. C'est un grand enseignant de Paix et de Sagesse, qui nous donne la permission d'Être, tout simplement.

Ce livre reflète avec une grande Justesse ce parcours et sa générosité à partager ses compréhensions et le retour à la Lumière Divine. C'est une clé essentielle qui peut permettre à chacun de se trouver ou de se retrouver, de prendre conscience que nous sommes tous Uniques et guidés de la même manière par l'Amour, la Vie et la Conscience.

À travers ces enseignements et ce témoignage, vous pourrez trouver dans la simplicité votre clé de libération, la permission d'être Vous-Même et la véritable Paix.
Suivez Stéphane à travers ce livre et les supports audio/vidéo qui l'accompagnent, et soyez prêt à accueillir le meilleur, votre propre expansion dans la reconnaissance de votre Divinité, votre réelle identité.
Voyagez dans vos mondes intérieurs et vivez à nouveau de façon complète et multidimensionnelle.

Sophie RIEHL – Guide des âmes, canalisatrice de la Lumière de Vie – Auteure, conférencière, créatrice de méditations guidées.

TABLE DES MATIÈRES

REMERCIEMENTS

En commençant l'écriture de ce livre, je ne peux m'empêcher d'avoir une pensée aimante pour mon épouse Anna, mes enfants, ma famille et tous ceux qui m'ont entouré et qui ont participé d'une manière ou d'une autre à la manifestation de cet ouvrage aujourd'hui.

Merci aux énergies et Présences lumineuses qui m'ont poussé à découvrir un peu plus Qui Je Suis, à toutes ces formidables personnes qui m'ont accompagné dans l'aventure de cette découverte.

Merci à toutes celles et tous ceux qui m'ont bousculé et m'ont ainsi donné l'occasion de me remettre en question à des moments importants de ma vie. La perfection est partout, même si on ne la voit pas toujours dans l'instant ; et chaque relation, chaque échange, chaque moment d'une vie façonne la personnalité et permet à la magie de faire son œuvre pour nous aider à avancer sur ce chemin du retour à soi.

Merci à la Vie, à cette magie qui s'exprime chaque jour un peu plus. Quelle merveille, quelle perfection ! Quand on commence à le conscientiser et qu'on se laisse traverser sans résister, l'expérience vécue ne peut plus alors être autre chose qu'une succession parfaite de moments magiques. C'est ce que je souhaite à chacune et chacun, et peut-être que ce livre et tout ce qui l'accompagne y participeront d'une manière ou d'une autre.

Enfin, merci à toi qui lis ces quelques lignes, je t'envoie ma Paix, mon Amour et ma Joie. Que tout cela émerge du plus profond de Toi un peu plus chaque jour.

À vous toutes et tous – MERCI.

1 INTRODUCTION

« Tout ce que je sais, c'est que je ne sais rien. »
(Socrate)

Cette phrase est le point de départ du livre et c'est peut-être la plus importante. En effet, ce partage de point de vue qui sera transmis au fil des pages n'est pas La Vérité absolue mais la vérité d'un point de vue parmi d'autres qui sont tous justes selon l'endroit où l'on place son point de conscience.

Chaque vérité est juste pour celle ou celui qui la vit. Croire que « l'autre » a tort ou raison, croire qu'il n'y a qu'une seule vérité est un leurre qui fait partie du monde duel et illusoire dans lequel nous croyons vivre. Mais cela est absolument parfait, n'en doutez pas.

Depuis ce point de départ sage où il n'y a plus de place pour le jugement de « l'autre », où il n'y a plus de place pour la confrontation, on comprend que chacun a son propre point de vue, sa propre vérité, et que cela est juste. On ne ressent plus alors le besoin d'imposer sa vision, mais simplement celui de la partager avec qui le souhaite.

Vous allez peut-être lire des choses ici qui seront en dehors de vos croyances habituelles ou qui ne correspondront pas à votre vérité, sachez simplement que c'est OK ! Il n'y a pas à croire ce qui est partagé, il y a juste à le lire, le vibrer en soi, à ressentir dans le cœur si cela peut nous correspondre quelque part et enfin à choisir ce qui convient en cet instant parfait.

C'est en ayant cet état d'esprit de totale ouverture, sans juger l'idée proposée, sans non plus « croire » que c'est la vérité, mais juste en se laissant traverser par la vibration des mots, des idées, et en laissant bouger les choses en soi sans rien attendre, que tout se révélera de manière simple et évidente.

D'où vient le contenu du livre ?

Ce livre ne m'appartient pas, je n'en revendique pas son contenu en tant que « Stéphane Colle » même si j'en suis le transmetteur dans cet ici et maintenant. Il m'a été *inspiré*, c'est un peu comme une bulle de conscience qui s'est présentée à moi et dont j'ai reçu l'invitation au partage.

Selon le point de vue que l'on prend, on peut dire que le contenu vient des énergies lumineuses de pur Amour qui nous entourent – et que nous sommes toutes et tous au final. Il y a cependant des « Présences » particulières qui me suivent depuis le début du « réveil » qui s'est invité dans mon expérience en 2013. Il s'agit de plusieurs énergies dont un groupe d'Arcturiens, et principalement d'Ishi-Ne, magnifique présence arcturienne pleine de douceur dont la fonction est Maître-encodeur, que je remercie et embrasse de tout mon cœur.

Quelques précisions sur le fonctionnement du livre :

Il sera souvent utilisé les majuscules dans le livre pour différencier le point de vue du mental/ego (le personnage), et celui du véritable Soi, la Source de Tout ce qui Est, de Dieu, l'Univers, ou peu importe le nom qui vous convient.

Ainsi, le « soi » qui correspond au personnage (mental/ego) sera par exemple écrit avec un « s », et le Soi qui correspond la partie Divine, à la Source, etc., sera écrit de cette manière : Soi, avec un « S » majuscule.

De manière générale, l'invitation est à ne pas se poser de questions ; je suis certain que vous allez vous accoutumer ici à l'écriture plutôt en langage parlé qu'en style grande littérature qui n'est pas mon habitude.

Je vais essayer d'être dans la transcription la plus simple possible de ce qui me vient, même si parfois cela n'est pas facile de traduire en mots clairs ce qui est reçu, ressenti… Sachez seulement que ce livre n'est pas juste un livre, il est en relation avec une vibration particulière qui va vous accompagner, que vous en soyez conscient ou non, que vous y croyiez ou non.

Vous avez accès gratuitement à des vecteurs audio, des vidéos, des Séances sur Internet, des stages/partages… Tout ce qui est associé au livre vous est offert. Ce livre est un support, une base qui donne accès au reste, et je me ferai un plaisir de vous accompagner au-delà de cet ouvrage pour que ce ne soit pas juste « un livre de plus » dans votre bibliothèque. Exploitez tout et impliquez-vous !

Pour profiter de tout ce qui vient avec ce manuel, rendez-vous sur ce lien privé qui vous expliquera comment accéder à l'espace membre qui contient les autres liens et programmes d'accompagnement…

Allez voir ici pour profiter de tout ce qui accompagne le livre :

https://stephane-colle.com/livre

Ce que ce livre peut changer dans la vie du lecteur :

Cette vision du monde et de la Vie qui vous est proposée ici est vécue pleinement. Si je la partage, c'est parce que cela fonctionne, c'est absolument expérimenté, et nous sommes de plus en plus nombreux à déguster cette libération de l'expression de l'Être, cette magie de la Vie au quotidien.

L'invitation, encore une fois, est de mettre de côté les croyances, les questionnements du mental, et se laisser simplement traverser par l'énergie du livre.

Cette énergie de Paix, d'Amour et de Joie qui l'accompagne et qui accompagnera toutes celles et tous ceux qui le liront prendra de plus en plus de place et vous pourriez être surpris dans les jours, semaines, mois, années à venir de voir à quel point les changements se manifestent à vous.

Il ne s'agit pas d'une promesse, mais bien d'une invitation ; chacun vivra ce qu'il a à vivre de toute façon, et si vous allez au bout de la lecture de ce livre, vous saisirez certainement à quel point cela est parfait même si ce n'est pas toujours bien compris dans l'instant.

La vision sur l'expérience vécue va changer, peu importe ce qui se présente, le changement de point de vue modifiera votre vibration qui transformera à son tour la direction du vécu…

C'est alors que tout pourra être goûté sans jugement depuis la Paix du Cœur. C'est alors que tout ce que vous allez lire ici pourra s'effacer et laisser place au véritable Vous dans sa splendide simplicité.

Mais maintenant que les bases sont posées, nous pouvons commencer. Il vous est souhaité le meilleur et, surtout, que la Paix, l'Amour et la Joie émergent de Vous et s'installent dans votre vécu. On prend une grande respiration, et hop c'est parti !

2 LE POINT DE VUE PROPOSÉ SUR « QUI JE SUIS »

Nous sommes à peu près sept milliards d'êtres humains sur cette magnifique planète et chacun a son point de vue unique sur le monde. Vous y avez peut-être déjà pensé et cela peut sembler anodin, mais je vous encourage vraiment à le ressentir plus profondément.

Prenez quelques instants, respirez en relâchant l'ensemble des muscles de votre corps, et saisissez cette *chose* à la fois simple et complexe :

« Chaque point de vue de chaque être humain est unique et juste… Et il ne peut en être autrement. »

Je vous invite à relire cette phrase à haute voix, en conscience, plusieurs fois, mais sans rien attendre ni chercher autre chose que ce qui se présentera à vous de manière naturelle :

« Chaque point de vue de chaque être humain est unique et juste… Et il ne peut en être autrement. »

Allez, s'il vous plaît, jouez le jeu, laissez-vous glisser sans réfléchir, j'en vois qui hésitent :-) On est là pour s'amuser, personne ne se moquera de vous, promis. Lisez à haute voix plusieurs fois, et on reprend…

Il y a une bonne nouvelle ici : votre point de vue sur le monde, sur tout ce que vous expérimentez, est unique et juste.

Maintenant, l'invitation est à l'adhésion à l'autre nouvelle : le point de vue de votre voisin, de vos collègues de travail, de votre chef, de votre beau-frère, de votre belle-maman, de tous les « autres »… est lui aussi unique ET juste.

OK, là, je sens que ça coince un peu ! Mais n'oubliez pas, l'invitation est à s'ouvrir sans juger, j'ai bien dit *s'ouvrir*, pas *accepter*, c'est d'accord ? Continuons pour mieux saisir ce qui est énoncé ici.

Qui Suis-Je ? Qui sont les « autres » autour de moi ? C'est dans cette compréhension, cette conscientisation, que se trouve la réponse. Voici une proposition ressentie et vécue pour définir simplement ce qui ne peut l'être au final :

Je Suis et Nous Sommes toutes et tous un point de conscience exprimé de la Source Une. Je ne suis pas séparé de la Source et rien ni personne ne peut l'être car tout est expression de la Source Une.

Cela implique donc que tout, absolument tout ce que je crois percevoir, tout ce que je crois vivre, tout ce que je crois penser est une expression de la Source Une que Je Suis depuis toujours et pour toujours.

<u>Tout se résume en cette simple phrase :</u>

« Il n'y a que Soi avec Soi et pour Soi, »
« il n'y a que Moi avec Moi et pour Moi. »

Ce qui me donne l'illusion de la séparation est une construction, une mise sous voile trompeuse de ma conscience Une pour pouvoir croire à cette séparation impossible. Je Suis et Nous Sommes, en même temps, le point de conscience qui expérimente la séparation et le filtre qui crée cette expérimentation. Il n'y a rien qui ne soit pas Soi/Moi car c'est la seule et unique chose qui puisse exister.

La personne qui se présente dans mon expérience pour me faire « vivre » les meilleurs moments qui soient n'est autre que Soi/Moi envoyé par Soi/Moi et <u>pour</u> Soi/Moi.

La personne qui se présente dans mon expérience pour me faire « vivre » le pire des cauchemars n'est autre que Soi/Moi envoyé par Soi/Moi et pour Soi/Moi.

Il est à noter ici que c'est bien *pour* Moi et pas *contre* Moi, même si l'on peut facilement penser le contraire lorsque l'on vit des moments difficiles.

Tout ce qui se présente dans mon expérience, c'est Moi qui me l'envoie *pour* me permettre de revenir au final à la conscience Une de Qui Je Suis, ou, plus simplement, participer à l'expression de Tous les possibles toujours selon le point de vue où l'on se place.

L'expérience qui apparaît répond toujours exactement à la vibration de mon Être en cet instant, et en ce sens, elle ne peut en aucun cas aller *contre* moi. La punition n'existe pas, seul le mental/ego qui croit à la séparation peut l'interpréter de cette manière.

Je Suis donc tout ce qui Est, Je Suis à la fois le Créateur de l'expérience et l'expérience, et rien ne peut et ne pourra jamais Être séparé de ce « Je Suis ».

Je Suis la Joie sans raison qui s'oublie pour goûter la tristesse
Je Suis l'Amour infini qui s'oublie pour goûter la peur
Je suis la Lumière pure qui s'oublie pour goûter l'ombre
Je suis la Paix éternelle qui s'oublie pour goûter la non-paix
Je Suis la puissante Simplicité qui s'oublie pour goûter la complexité
Je Suis le Silence qui s'oublie pour goûter le bruit

Je Suis au-delà de tout espace-temps, au-delà des mots, au-delà, en-dehors et en dedans de tout concept, au-delà, en-dehors et en dedans de toute pensée, de tout ressenti…

La science nous montre aujourd'hui que tout est constitué de la même et unique *chose*, tout est vibration de cette *chose*, et c'est la différence de fréquence vibratoire de celle-ci qui détermine si ce qui est observé est du bois, du métal, du béton, de l'eau ou toute autre matière.

Tout, absolument tout est vibration de cette unique *chose* qu'on pourrait nommer une « idée » ou une « pensée ». Toute la matière de l'ensemble de l'Univers que l'on peut observer est constituée ainsi.

Notre corps physique est vibration, notre corps éthérique est vibration, nos pensées sont vibration… Tout, absolument tout est vibration de cette Source Une et tout interagit en permanence. Notre intention en tant qu'expression de cette « Source Une » influence la vibration de ce qui est observé puisque non séparé de l'observateur que Nous Sommes.

Ainsi il a été prouvé que la pensée de l'être humain modifie la matière selon son intention. Vous trouverez des informations à ce sujet sur Internet et vous avez peut-être vous-même fait l'expérience du grain de riz que l'on insulte qui pourrit, alors que le même grain de riz à qui l'on envoie une vibration d'Amour reste impeccable…

« Il n'y a que Soi avec Soi et pour Soi »

Tout mon univers étant constitué de « Moi » pour me permettre de vivre cette expérience, on comprend alors que si j'insulte cette partie de « Moi » qu'est ce grain de riz, si je lui envoie une intention « négative », alors sa vibration se modifie jusqu'à pourrir…

Au contraire, si j'envoie une magnifique vibration d'Amour à cette partie de « Moi » qu'est ce grain de riz, alors je lui permets de s'élever vibratoirement et ainsi de se maintenir en « Vie »…

Plus je m'aime, plus j'aime chaque partie de « Qui Je Suis », plus je suis bienveillant avec la Vie que Je Suis, plus mon expérience s'élève en vibration et se tourne vers l'Amour mais nous en reparlerons plus tard.

L'important pour l'instant n'est pas tant de comprendre *l'effet* sur le riz ou sur la matière en général, mais plutôt de saisir, de conscientiser, que, tout ce qui Est étant Moi, peu importe ce qui se présente à ma conscience, peu importe ce qui se présente dans mon expérience, cela ne peut être qu'une projection du Moi envoyé par Moi pour me permettre de vivre cette situation selon ma Vibration intérieure.

Je Suis donc le patron qui me licencie et Je Suis aussi la personne qui me console d'avoir été licencié… Je Suis à la fois le réalisateur du film, le cameraman, la caméra qui observe l'expérience et les acteurs qui la jouent.

Ressentez cela…

Encore une fois, tout n'est ici qu'une question de point de vue qui dépend de « l'endroit » choisi dans la conscience avec lequel j'observe ce qui Est. Je peux me placer du point de vue de la personnalité du mental/ego et observer la séparation, croire que je suis ce personnage et uniquement cela, croire que les autres sont contre moi, croire que je subis ce que je vis…

Et cela sera vrai selon ce point de vue unique et juste.

Je peux aussi choisir un autre point de vue selon lequel j'observe que je ne suis pas que ce personnage, que je suis aussi la divinité derrière le personnage. Je comprends alors que le mental/ego me permet de vivre cette expérience, mais que Je Suis bien au-delà de cet aspect limité de mon Être.

Et cela sera vrai selon ce point de vue unique et juste.

Enfin, je peux choisir, ou plutôt m'abandonner à la pure Présence Je Suis, là où plus rien n'est séparé, là où tout « Est » sans que rien ne puisse être nommé, jugé ou même interprété, là où la Paix, l'Amour et la Joie s'expriment dans la simplicité absolue de l'Être.

Et cela sera vrai selon ce point de vue unique et juste.

Chaque point de vue proposé est juste de là où il est expérimenté. On peut ressentir ces points de vue ou pas, on peut les installer dans notre quotidien ou pas, on peut passer de l'un à l'autre, les mélanger et les goûter en même temps… Peu importe, car il n'y a pas de bon ou mauvais point de vue, il y a seulement des points de vue différents qui autorisent l'expression et l'interprétation de tous les possibles.

L'invitation ici est à retrouver cette conscience multidimensionnelle, à retrouver cette neutralité qui permet de goûter sans juger, de ne pas s'accrocher à des interprétations du personnage pour laisser place à cette Paix, à cet accueil absolu de Qui Je Suis dans sa totalité, sans rien rejeter, sans rien juger.

Je Suis donc la Conscience Une qui se goûte sur elle-même. Je Suis le créateur de l'expérience et celui qui la goûte. Je Suis Tout ce qui Est pour me permettre de vivre l'expérience d'un moment présent unique parmi tous les possibles.

Tout étant constitué de « Soi », je suis absolument tout-puissant et nous verrons plus loin comment *choisir* son expérience, son vécu, et Vivre cette magie à chaque instant.

L'important pour l'instant est de bien saisir l'idée, d'atteindre cette conscience multidimensionnelle du Qui Je Suis, pour ensuite aller plus loin et retrouver son « pouvoir » dépendant du point de vue, de la vibration que l'on choisira… ou pas, mais ça, c'est encore une autre histoire…

Peut-être avez-vous déjà lu ce genre de propos, ou peut-être que cela est un peu « trop » pour vous. Peu importe, nous allons passer à une pratique pour le ressentir, le vibrer en nous dans ce point de conscience en cet instant.

Rappel : ce livre est interactif et accompagné d'outils pour ressentir, vibrer ce qui y est exprimé. Si vous voulez faire bouger les choses en vous, dans votre expérience, il est important de comprendre que la lecture *mentale* n'est pas suffisante – il n'y a que le ressenti, la vibration dans les cellules du corps qui puisse permettre l'intégration, l'ouverture aux nouveaux possibles… Alors, pratiquez si vous le sentez et, comme d'habitude, n'attendez rien.

Il n'y a pas d'enjeu ici, restez ouvert, dans l'amusement comme l'enfant qui découvre un nouveau jouet et qui, même s'il n'en comprend pas encore toutes règles, joue simplement avec pour seul et unique but de s'amuser !

Si vous trouvez que c'est trop loin de vos croyances actuelles, c'est OK, ne cherchez pas à aller contre, voyez seulement cette possibilité et profitez-en pour remettre en cause vos certitudes. Une fois de plus, juste pour vous amuser, faites « comme si » c'était possible, observez ensuite ce qui se passe, car en faisant cela votre vibration va bouger et enclencher un mouvement, un changement de direction qui pourrait bien vous surprendre dans les jours, semaines, mois… à venir.

Si vous estimez qu'il n'y a rien de neuf sous le soleil, que vous connaissez déjà tout cela, que vous avez ce savoir en vous, alors là aussi c'est OK. Il est possible que tout cela soit connu de manière *mentale*, mais peut-être que l'intégration n'est pas totale, que l'information n'est pas *vibrée* complètement…

Si vous êtes en train de lire ces lignes, c'est que quelque part l'information n'est pas entièrement vécue et que, comme vous le savez certainement déjà, une seule phrase, un seul mot peut bouleverser ce que l'on croyait pourtant déjà acquis. C'est la différence entre « je sais » et « je vis ce que je sais »…

Ainsi, je vous invite à rester ouvert si vous le sentez, à laisser l'énergie du livre faire son œuvre et à pratiquer les méditations et autres outils pour amplifier encore l'intégration.

Mais passons justement à l'action…

Pratique : Invitation au ressenti de « Je Suis » (méditation guidée disponible en audio dans l'espace membre) :

Installez-vous confortablement et respirez en conscience. Faites le vide et laissez-vous aller…

Ressentez votre connexion avec la Terre Mère, ressentez sa compassion, son Amour inconditionnel pour vous… Ressentez cette belle énergie monter et s'installer en vous, au centre du Cœur…

Ressentez votre connexion avec le Père Ciel, ressentez sa puissance d'Amour, sa Lumière et sa bienveillance pour vous… Ressentez cette belle énergie descendre et s'installer en vous, au centre du Cœur…

Ressentez les deux énergies s'enlacer et fusionner en vous au centre de votre Cœur…

Puis, restez bien centré dans le Cœur et dites à haute voix et en pesant bien le sens et la puissance de ces mots sans pour autant essayer de les comprendre ou les interpréter :

« Je Suis »

« Je Suis »

« Je Suis »

À chaque fois que vous le dites, laissez-vous emporter dans le vide et ressentez votre point de conscience qui prend de la hauteur et s'élève. Sentez la vibration monter…

N'essayez pas de voir ou de sentir, juste d'Être le Tout dans le silence total, le Tout qui s'observe lui-même en toute simplicité et sans y mettre de nom, de concept, d'image ou quoi que ce soit d'autre… Juste et uniquement le :

« Je Suis »

De plus en plus profond, de plus en plus Tout et Rien à la fois.

Ressentez ce vertige, cette puissante simplicité qui monte et efface toute interprétation de ce Qui Je Suis.

« Je Suis »
« Je Suis »
« Je Suis »

Dites-le à haute voix jusqu'au moment où cela deviendra trop puissant pour vous, trop d'Amour, trop de Joie, trop de conscience… pour votre corps.

Vous allez le sentir vous envahir…

Une fois ce point de conscience atteint, observez et ressentez à quel point Tout *est* Un et parfait. Aucun jugement ne pourra alors Être possible…

Prenez le temps de ressentir…

Fin de la pratique guidée.

Allez régulièrement visiter cet état d'Être pour vous y habituer et augmenter votre taux vibratoire. Chaque fois que vous aurez un découragement ou une colère, retournez à ce point de conscience ; plus vous le ferez, plus ce sera facile à atteindre et plus cela va s'installer dans votre vie de tous les jours.

Cela va changer radicalement votre vie car, si la perception change, tout se réorganise pour y correspondre. Vous Êtes le Tout, un point de conscience de la Source Une et, à ce titre, tous les possibles sont ouverts, mais nous verrons plus loin comment *choisir* sa vie ou la laisser nous choisir.

Maintenant que nous avons ressenti ce « Qui Je Suis » certainement un peu éloigné de nos croyances enracinées au plus profond de notre construction mentale, nous pouvons revenir dans notre expérience en gardant cette conscience, pour, petit à petit, lui permettre de s'installer et démonter ses anciennes manières de se percevoir.

Cela ne va peut-être pas se faire en un jour – bien que cela soit possible, selon là où on en est dans son expérience. L'important ici, si l'on considère qu'il y a quelque chose d'important, c'est de s'abandonner sans attente de résultat, ne pas se flageller mentalement si l'on reste loin de cette conscience Une.

Revenez à la pratique proposée simplement sans vous prendre la tête ; que vous ressentiez quelque chose ou pas n'est pas essentiel, le déclic se fera au moment parfait pour vous, et peut-être qu'une phrase dans le livre ou même un seul mot provoquera ce déclic qui fait la différence entre *savoir* avec le mental et *conscientiser*, vibrer dans ces cellules l'information.

C'est une distinction fondamentale, et c'est pourquoi deux personnes accédant aux mêmes informations n'auront jamais le même résultat. L'une pouvant rester dans une compréhension mentale de l'information en dehors de toute conscientisation profonde, et l'autre pouvant avoir ce fameux déclic, cette compréhension cellulaire qui vibre en Soi.

Au final et selon cette définition proposée de « Qui Je Suis », tout ce savoir est déjà disponible en chacune et chacun d'entre nous. Seul le voile de l'oubli (que nous sommes aussi et que nous avons mis en place pour pouvoir vivre cette expérience) empêche, tant qu'on y croit, de Voir la Vérité de Qui l'On Est.

On peut alors revenir à cette « multiconscience » du soi et du Soi pour continuer l'expérience illusoire de ce retour à Soi.

Il ne s'agit pas ici de fuir l'expérience vécue dans cet espace-temps, mais bien de la vivre pleinement en ayant une conscience élargie de « Qui Je Suis » pour remettre son vécu « à l'endroit », se libérer des croyances limitantes, et aller vers cette magie de la Vie expérimentée dans la matière.

Dans cet état d'Être, on peut comprendre qu'il n'y a alors aucun objectif à atteindre – à part éventuellement celui de se sentir bien maintenant si c'est notre choix. La Vie est beaucoup plus élémentaire que notre perception mentale le voudrait, nous goûtons ce retour à cette étonnante et puissante simplicité que Nous Sommes depuis toujours et qui s'invite dans notre conscience en cette période, et c'est très certainement ce pour quoi vous êtes en train de lire ces lignes.

Prenez le temps de lire et d'intégrer, ce n'est pas une course et vous ne serez pas *libre* plus rapidement en finissant le livre plus vite. Prenez le temps, lisez, expérimentez, laissez votre conscience s'ouvrir sans juger, abandonnez vous à votre présence Je Suis le plus souvent possible, et revenez au livre quand vous en ressentirez l'appel.

Après cette première approche de ce Qui Je Suis vraiment qui va se compléter au fil du livre et surtout dans votre expérience, nous allons voir ensemble comment tout cela fonctionne, en essayant de rester le plus simple possible dans les explications de ce qui ne peut l'être.

Je le redis, tout cela n'est qu'un point de vue qui n'a pour but que le partage, vous permettre éventuellement de bouger de l'intérieur pour modifier et laisser émerger Votre point de vue unique et juste. Écoutez-vous, restez ouvert, prenez ce qui vous convient et mettez le reste de côté.

Vous êtes prêts pour la suite ? Alors, poursuivons avec…

3 L'ILLUSION DU TEMPS ET LA BOULE DE TOUS LES POSSIBLES…

N'oubliez pas : « Tout ce que je sais, c'est que je ne sais rien ». Restez neutre et ouvert :-)

Ici, il va vous être proposé un point de vue ; il n'est ni plus ni moins vrai qu'un autre, il est juste différent. Pour changer son expérience vécue, il faut modifier quelque chose, changer son point de vue. Il est impossible de voir autre chose que ce que l'on voit si on ne se déplace pas. Il s'agit ici de cette invitation à « bouger », se déplacer, s'ouvrir, pour voir autrement et ainsi changer sa réalité vécue.

Alors simplement, sans vouloir croire, sans vouloir prouver le contraire, juste s'ouvrir à ce possible de manière neutre et laisser faire… Voici l'explication, la vision proposée :

Nous vivons une expérience dans une « matrice », une sorte de programme informatique, un *endroit* dans la conscience où les croyances du collectif nous donnent l'illusion de l'espace et du temps. C'est encore une fois un point de vue qui est unique et juste. Cependant, il n'est pas « unique vérité », il est la vérité du point de vue limité qui l'expérimente.

Sur Terre, le temps semble exister en tant que tel, de manière régulière et linéaire. Cela fait partie de la construction illusoire qui permet de Vivre cette expérience de séparation de la Source, du grand Tout.

En fait, pour introduire simplement la vision, selon ce point de vue, on pourrait dire qu'il n'y a rien d'autre que « tous les possibles » et qu'ils se réalisent tous au même moment, le seul et unique instant présent.

Imaginez une boule avec, à sa surface, tout autour, « tous les possibles », c'est à dire toutes les vies, toutes les expériences, tous les temps imaginaires depuis le tout début jusqu'à la fin des temps – même si cela n'existe pas –, toutes les dimensions… Tous les Possibles.

Imaginez juste qu'à un endroit sur cette boule de Tous les Possibles se trouve la planète Terre et son Univers, le « vous » dans cette vision actuelle des choses.

Imaginez qu'à un autre endroit de cette boule de Tous les Possibles se trouve « le passé », la période des dinosaures par exemple, et qu'à un autre endroit encore sur cette même boule se trouve l'avenir, « le futur » de la Terre, mais que tout cela se joue exactement en même temps…

Oubliez votre vision du temps linéaire, de l'espace et de la notion de cause à effet, oubliez tout ce que vous croyez à ce sujet, et voyez simplement Tous les Possibles exprimés.

Il y a le « vous » dans son expérience du moment, le « vous » dans son expérience de la semaine dernière, le « vous » dans son expérience de la semaine prochaine… Il y a aussi ces « vous » vivant d'autres options, dans d'autres situations, selon des choix différents, dans d'autres espaces-temps, à d'autres époques…

Il y a tous ces « vous », cette infinité de « vous » dans des expériences différentes – et tout se passe en même temps, **maintenant.**

Il y a le « vous » que vous goûtez en cet instant en train de lire ces lignes, il y a le vous qui a fait d'autres choix et qui vit tout à fait autre chose, voyez et imaginez, chaque moment présent vécu qui propose une infinité de choix sur la boule de Tous les Possibles… Et tout cela se joue en cet instant unique, le présent.

Ce qui donne l'illusion du temps linéaire dans notre construction terrestre actuelle serait alors le « cheminement » de la conscience passant d'un point à un autre de tous ces possibles. Imaginez ainsi que vous êtes là ou vous êtes en cet instant, qu'un autre possible de ce « vous » déjà exprimé sera votre prochain point de vue, puis un autre, puis un autre… Votre point de conscience du « vous » se déplaçant d'un point à un autre et vous donnant ainsi l'illusion de l'espace et du temps.

Pensez à un dessin animé : il y a toutes les images fixes qui, quand on les aligne les unes après les autres rapidement, nous donnent l'illusion d'un film, d'un mouvement des personnages… Les dessins sont déjà tous exprimés en cet instant et les personnages ne bougent pas, c'est l'enchaînement rapide des images qui nous donne l'illusion d'un mouvement.

Chaque possible du « vous » serait alors un de ces dessins immobiles, et c'est le « déplacement » de la conscience, passant d'un point de vue déjà exprimé à l'autre qui donne l'illusion de ce mouvement, de l'espace et du temps. Mais il y a mieux, car à la différence du dessin animé, pour chaque « image », chaque « vous » exprimé, il y a une infinité d'« images » suivantes possibles, une infinité de « vous » dans différentes situations, ayant fait différents choix.

Imaginez que vous fassiez un dessin animé et qu'à chaque image créée vous décidiez de proposer tous les scénarios possibles et imaginables pour la prochaine image, et ainsi de suite avec chaque image suivante… Cela vous donnerait une idée de ce que représente cette boule de Tous les Possibles.

Vous êtes en cet instant un point de vue, une image de ce dessin animé à l'infinité de scénarios déjà exprimés. La seule et unique *chose* qui donne l'impression de temps et d'espace, c'est le déplacement de la conscience d'une image à une autre, mais toutes les situations sont déjà exprimées.

C'est vraiment important pour la suite de bien saisir cette vision : tout est déjà exprimé, tout est déjà existant en cet instant.

Je vous invite à peut-être prendre un petit « temps » de pause pour accueillir cette vision du monde. Le mental n'aime pas trop ces histoires qui remettent toutes ses croyances, tout le cadre de son fonctionnement en cause. Attention, je ne dis pas que c'est *la* Vérité ; c'est une interprétation, un point de vue qui va nous permettre d'avancer, une étape qui va nous rapprocher petit à petit du Tout et du Rien que nous Sommes.

Laissons-nous glisser simplement d'un point de conscience à un autre.

Allez, on respire un grand coup, et on reprend :-)

Chaque possible du Soi sur la boule de Tous les Possibles l'est avec son Univers tout entier, avec ses multidimensions, avec chaque personnage sur Terre et ailleurs dans toutes ses dimensions, avec chaque possibilité pour chaque partie du Soi exprimé… Et tout cela en seul et unique instant :

Maintenant !

Et comme nous l'avons vu au début du livre, Je Suis, nous sommes Toutes et Tous cela, une expression de la Source Une ayant choisi un endroit sur la boule de Tous les Possibles pour s'observer, se goûter, expérimenter toutes ces variations vibratoires du Soi.

Ça donne le vertige, n'est-ce pas ? Une infinité de possibles vibrés en même temps, on peut déjà ressentir la beauté de tout cela, la puissance, la perfection, la Joie que cela procure.

Chaque possible est « construit » avec des « liens » énergétiques tissés, reliés avec d'autres possibles. Par exemple, votre « vous » immédiat qui lit ces lignes est construit avec des liens énergétiques qui vous relie à d'autres « vous » sur la boule de Tous les Possibles. C'est ce qui vous donne l'illusion du passé, de votre mémoire et de votre construction du mental/ego pour pouvoir goûter l'expérience d'une manière unique.

Chaque « possible » est relié à d'autres possibles « passés » et « futurs », à d'autres possibles dans les dimensions… C'est ce qui permet à ce « possible » d'être ce qu'il est, d'avoir son histoire illusoire, d'avoir ses croyances, etc., pour créer un point d'expérimentation unique, un point de vue unique du Soi.

On peut alors dire que les « mémoires », les vies antérieures, les croyances, tout ce qui façonne le personnage, le mental/ego dans l'expérience vécue ne sont qu'une construction de liens énergétiques avec d'autres possibles qui se vivent en même temps. Cela ne veut pas dire que dans notre expérience vécue sur Terre ces mémoires, ces vies antérieures n'existent pas ; du point de vue du « vous » qui joue ce jeu terrestre, c'est vérité.

Remettez toujours ce que vous considérez comme étant la « vérité » en face du point de conscience qui l'expérimente, toutes les vérités sont uniques et justes selon le point de vue vécu, n'oubliez pas cela.

De la même manière, ce « vous » existant ici et maintenant est relié à d'autres possibles de vous dans ce qu'on peut appeler le « futur ». Cependant ces vous futurs sont déjà existants en cet instant et vous allez en « rejoindre » un, toujours dans ce « déplacement » de la conscience sur la boule de Tous les Possibles.

Les personnes qui font de la voyance ne font en fait que voir les possibles déjà existants qui « vont » être vécus probablement selon votre vibration actuelle, car c'est la vibration de l'instant qui indique le possible goûté à l'instant suivant, qui en fait est vécu en même temps.

Encore une fois, selon ce point de vue, il n'y a qu'un seul instant présent qui est expérimenté d'une infinité de manières, et c'est la conscience Une, la Présence derrière ce qui Est, l'observateur, qui se déplace d'un point de vue existant à un autre pour créer cette illusion du temps et de l'espace (repensez au dessin animé).

Comme Je Suis à la fois le créateur des possibles, celui qui les observe et celui qui les goûte, il est facile de comprendre le pouvoir infini que je peux avoir sur ce que j'expérimente si je choisis de retrouver cette conscience Une ou un point de vue qui s'en rapproche.

Ce qui détermine le prochain point de vue, l'expérimentation du prochain possible déjà existant, c'est la Vibration que je choisis dans l'instant. Selon l'endroit où je suis, il m'est proposé cette infinité de possibles que je peux goûter. Ce qui fait que je vais aller vers un possible ou un autre est le choix Vibratoire que je vais émettre, que je vais ressentir, que je vais Vibrer dans tout mon Être en cet instant.

C'est un peu comme un GPS, ma Vibration va déterminer ma destination sur la boule de Tous les Possibles, mais nous en reparlerons un peu plus loin lorsque nous verrons comment choisir l'expérience ou laisser la magie de la Vie faire son œuvre.

Sur Terre, dans l'expérience vécue en ce « maintenant », les liens énergétiques avec les possibles qui créent le personnage mental/ego, l'illusion de l'espace et du temps, les croyances, la dualité… sont très forts. C'est ce qui permet ce possible, cette illusion de la séparation, de la difficulté de pouvoir choisir un possible qui soit très différent vibratoirement de là où nous sommes pour pouvoir le vivre dans l'instant suivant.

C'est cela qui crée cette sorte de lourdeur de la matière, ce décalage entre le choix et la manifestation dans le vécu. Ce sont aussi ces liens qui sont en train de s'affaiblir, de se « dissoudre » en cette période spéciale de l'expérience sur Terre.

Merci de bien noter que j'utilise ici un langage qui peut contredire ce qui est expliqué avant ou qui le sera après. C'est voulu, il s'agit de pouvoir expliquer les choses de manières différentes et correspondantes à plusieurs états vibratoires. Par exemple, ici je viens d'utiliser les mots « période », « en train de », qui peuvent faire penser à l'existence du temps linéaire alors qu'il a été expliqué juste avant que, selon le point de vue proposé, le temps linéaire n'existe pas…

Ce qui est partagé ici dans ce livre ne faisant pas partie des croyances habituelles, j'utilise ces croyances actuelles tout de même dans le langage pour que cela reste compréhensible pour tous. Je le répète, ne vous accrochez pas, laissez glisser, c'est une fois que tout le livre sera lu et les pratiques proposées faites et ressenties que la compréhension globale pourra apparaître pleinement, comme une simple évidence.

Ceci étant dit, je reviens à cette apparente lourdeur du changement sur Terre, à ces liens qui constituent le personnage/ego et qui sont en train de se dissoudre petit à petit pour laisser place à une plus forte présence de l'Être derrière le personnage, à une autre compréhension du vécu, une nouvelle manière de Voir ce qui se joue ici et maintenant, une ouverture à une vision plus large vers les multidimensions de notre Être.

Si vous lisez ce livre, c'est que, quelque part, vous prenez cette direction de la libération de ces liens, de ces mémoires, de ces croyances qui vous empêchent encore de laisser la place à l'Être, à la Présence Je Suis. Cette « période » sur Terre est la période du basculement – le basculement du contrôle par le petit soi vers l'abandon à la Présence du Soi.

C'est une magnifique expérience (illusoire mais vibrée), une invitation à lâcher cette construction, à laisser ces liens perdre leur force pour permettre ce retour à la conscience du Soi et ressentir à nouveau cette Unité avec le Tout qui a toujours été et qui sera toujours, même si pour cette expérience spécifique, elle a été occultée, cachée au petit soi.

Vous pouvez observer ce qui se passe sur Terre en ce moment, voir à quel point tout s'accélère, tout se « dévoile » de plus en plus vite. L'arrivée des nouveaux systèmes d'information comme Internet est un peu comme une magnifique et énorme mise à jour du programme, de la conscience de l'humanité.

Prenez simplement un peu de recul sans juger, en étant simplement l'observateur de l'expérience. Projetez votre conscience quelques mois, quelques années en « arrière », connectez-vous à la Vibration, à la vision qu'avait ce « vous » à cet instant. Pouvez-vous ressentir l'écart ? Il est énorme.

C'est le « terrain de jeu » de la conscience tout entier qui s'élargit en cette période magnifique ; bien sûr, cela entraîne des mouvements importants et bouscule ceux qui résistent, mais le *nouveau* pousse et s'impose. Le « possible » vécu en cet instant, le programme, la matrice qui lui permet d'exister nous amène toutes et tous vers la confrontation à nos croyances, nos mémoires, nos liens énergétiques avec ces autres possibles donc, qui ne sont plus alignés avec cette nouvelle matrice terrestre qui s'installe et se déploie.

L'Être, le Soi, prend de plus en plus de place et pousse le petit soi à lâcher, à se trouver un rang différent, moins dans le contrôle, moins dans le jugement, moins limitant au final. C'est ainsi que la Vie reprend son rôle et nous guide, calmement si on la laisse faire, vers un nouveau fonctionnement, vers une nouvelle félicité vécue et vibrée.

Vous pouvez peut-être déjà ressentir cette disparition du temps linéaire, avoir l'impression que votre mémoire est défaillante, que la planification, la projection dans le futur est de plus en plus compliquée, que le présent s'impose de plus en plus comme étant le seul et unique instant vécu.

C'est tout à fait normal. Notre expérience, le possible exprimé en cet espace-temps, nous emmène vers la dissolution des liens énergétiques qui tenaient cette construction forte de l'illusion du temps linéaire, aussi, même si nous continuons encore pour l'instant à y croire, sa perception se modifie.

La force, la solidité de ces liens énergétiques qui déterminent le cadre du vécu sur Terre diminue. C'est ce qui se produit en cet instant à cet « endroit » de l'expérimentation de la conscience Une ; cependant, chaque point de conscience du Un, du grand Tout, vit cela d'une manière différente.

On peut résister, essayer de se maintenir dans l'ancien fonctionnement en se crispant et en essayant de renforcer les liens. Cela arrive lorsque nous ressassons sans cesse le passé, lorsque nous nous entretenons dans cette peur du futur.

Le mental/ego étant construit et nourri de ces liens énergétiques entre les possibles, il essaie de les maintenir pour survivre. À chaque fois que nous mettons le focus sur le passé ou le futur, que nous essayons de conserver l'histoire et les croyances qui font notre personnalité de l'instant, nous renforçons ces liens.

C'est un peu comme avec le cerveau : plus nous utilisons un chemin neuronal, plus il grandit jusqu'à devenir une habitude ; et au contraire, moins on l'utilise et plus il se désagrège jusqu'à disparaître… Ici, c'est la même chose, plus nous utilisons ces liens, plus ils sont forts. C'est ainsi que nos croyances deviennent inébranlables au fil du « temps ». Cette résistance, ce maintien par ces liens demande de plus en plus d'efforts car le nouveau pousse à la renonciation de ceux-ci.

On peut donc choisir de s'abandonner, de lâcher ces croyances, ces mémoires, de se laisser aller vers l'inconnu en confiance, et dans ce cas les liens énergétiques disparaissent petit à petit pour octroyer plus de place à l'Être qui va alors nous emmener vers l'expérimentation de nouveaux possibles, alignés avec le nouveau programme, la nouvelle matrice de ce nouvel espace-temps vécu sur Terre.

Mais nous verrons tout cela plus en détail plus loin dans le livre. Pour l'instant, l'invitation est à ce ressenti du nouveau point de vue proposé, aussi voici une pratique qui pourra vous y aider. N'oubliez pas que le savoir n'est rien tant qu'il n'est pas ressenti, vibré. Vous pouvez lire tous les livres de la terre, accéder à tout le savoir de manière mentale, et rester là où vous en êtes dans votre expérience, car seule la vibration, le ressenti de l'information dans toutes les cellules du corps peut faire bouger le vécu.

Prenez le temps de vous exercer, de remettre en question votre vision du monde et de son fonctionnement pour pouvoir changer votre réalité. Tout est là.

Voici donc cette pratique guidée à faire et à refaire autant de fois que vous le sentirez bon pour vous…

Pratique : Ressenti de l'illusion du temps et de la boule de Tous les Possibles (méditation guidée disponible en audio dans l'espace membre) :

Installez-vous confortablement et respirez en conscience. Faites le vide et laissez-vous aller…

Ressentez votre connexion avec la Terre Mère, ressentez sa compassion, son Amour inconditionnel pour vous… Ressentez cette belle énergie monter et s'installer en vous, au centre du Cœur…

Ressentez votre connexion avec le Père Ciel, ressentez sa puissance d'Amour, sa Lumière et sa bienveillance pour vous… Ressentez cette belle énergie descendre et s'installer en vous, au centre du Cœur…

Ressentez les deux énergies s'enlacer et fusionner en vous au centre de votre Cœur…

Abandonnez-vous de plus en plus profondément à la Présence Je Suis, laissez-vous glisser… Lâchez tout ce qui se présente, ne vous attachez pas au mental – s'il souhaite continuer à bavarder, laissez-le faire, dites-lui seulement que vous l'aimez, ressentez de l'Amour et de la compassion pour lui, puis invitez-le simplement à se détendre s'il le souhaite.

Élevez votre conscience, votre point de vue, ressentez cette Paix, ce silence, cette impression d'éternité… Laissez tout cela s'installer en vous…

Respirez, calmement, tranquillement, et laissez-vous glisser encore plus profondément dans cet espace où rien n'a de prise sur vous…

Voyez maintenant depuis ce point de vue neutre et aimant le monde, l'Univers, les Multivers, les dimensions… Tous les Possibles. Voyez sans juger, voyez simplement.

Ressentez votre présence dans chacun des points de conscience de ces possibles exprimés, ressentez cette interaction entre tous ces points depuis le Vous ultime, la Source de Tout ce qui Est.

Ressentez votre omniprésence dans ce magnifique tableau, ressentez à quel point Vous Êtes ce Tout. À la fois la Source et l'expérience… Ressentez…

Laissez-vous emporter sans réfléchir, voyez et ressentez simplement tous ces possibles exprimés par ce Vous immuable, indestructible, cette pureté, cette force, cette douceur, cette Vie en Tout…

Ressentez la Présence que Vous Êtes se goûter sur elle-même, simplement, sans rien interpréter…

Ressentez cette pureté, cette Joie simple de l'expression de Tous les Possibles.

Voyez tous ces liens énergétiques, ces liens de lumière entre Tous les Possibles, voyez les interactions. Voyez vos extensions de conscience se balader entre tous ces possibles, voyez ces liens s'allumer, se dissoudre, bouger, s'éclairer, s'éteindre…

Toutes ces lumières, toute cette beauté, cette complexité et cette simplicité à la fois.

Ressentez à quel point vous Êtes tout cela en même temps. Ressentez ce simple Amour, cette simple Joie de pouvoir exprimer tout cela.

Ressentez chaque point et chaque expérience qui se manifestent, ressentez-les en tant que Source et point de conscience manifesté qui expérimentent en même temps.

C'est au-delà des mots, ne cherchez pas à comprendre ni interpréter, il ne reste plus ici que le Rien et le Tout à la fois, la Présence Unique qui Est tout cela en même temps.

Prenez le temps de ressentir cela, laissez vos cellules se baigner de cette conscience…

Respirez, ressentez…
Respirez, ressentez…
Respirez, ressentez…

Puis revenez en douceur dans la conscience de votre corps, voyez cette projection du Tout que vous Êtes revenir dans cette construction, dans ce point de vue illusoire de la séparation. Laissez-vous revenir ici et maintenant tout en gardant ce ressenti de la Source Une…

Respirez, ressentez…
Respirez, ressentez…
Respirez, ressentez…

Vous êtes à nouveau là, dans ce corps physique, mais vous pouvez en un instant revenir à cette conscience unitaire, à cette conscience de la boule de Tous les Possibles exprimés. Vous avez cette conscience multidimensionnelle de l'Être en vous.

Respirez, ressentez…
Respirez, ressentez…
Respirez, ressentez…

Fin de la méditation.

Vous êtes invité à revenir à cette pratique aussi souvent que possible, aussi souvent que vous le sentirez bon pour vous dans les jours et semaines à venir. C'est quand on s'entraîne que la conscience change, que la vibration change et même si vous ne le voyez pas de suite, cela va réorganiser votre Univers, votre vécu, vos interactions avec les « autres ».

Si vous ne ressentez rien pendant les pratiques, ne vous sentez pas frustré, accueillez simplement cet état de fait dans l'instant. Soyez en Paix avec cela et tournez-vous vers la Joie, vibrez cette Joie naturellement en ayant confiance dans la Vie que Vous Êtes.

Comprenez bien que ce possible exprimé du non ressenti est l'un des possibles, et rien d'autre. Il n'est ni mieux ni moins bien que les autres, il Est, c'est tout. Mais nous allons voir maintenant comment trouver la Paix sans considérer le vécu, selon ce nouveau point de vue du Soi et de la boule de Tous les Possibles.

Encore une fois, prenez le temps, intégrez les informations, laissez-les vous pénétrer, laissez-vous aller en vous ouvrant au maximum pour accueillir ce qui sera acceptable pour ce « vous », expression du Vous en cet instant.

N'oubliez pas que ce livre n'est pas juste un livre, il est associé à une vibration particulière qui va vous accompagner, que vous en soyez conscient ou non.

Vous avez accès gratuitement à des vecteurs audio, des vidéos, des Séances sur Internet, des stages/partages… Tout ce qui est associé au livre vous est offert. Ce livre est un support, une base qui donne accès au reste, et je me ferai un plaisir de vous accompagner au-delà de cet ouvrage pour que ce ne soit pas juste « un livre de plus » dans votre bibliothèque. Exploitez tout et impliquez-vous !

Pour profiter de tout ce qui vient avec ce manuel, rendez-vous sur ce lien privé qui vous expliquera comment accéder à l'espace membre qui contient les autres liens et programmes d'accompagnement…

Allez voir ici pour profiter de tout ce qui accompagne le livre :

https://stephane-colle.com/livre

4 LA PAIX COMME POINT DE DÉPART

C'est le point de départ et le point d'arrivée en même temps. La Paix Est, elle n'est pas à chercher ou à « trouver », c'est un état d'Être immuable qui a été enfoui derrière le bruit du mental, de l'histoire que l'on s'est permis de se raconter dans l'instant. Il est important ici de bien saisir cet état de fait.

La Paix Est, nous sommes cette Paix depuis toujours et pour toujours.

Pouvez-vous prendre un instant, une grande respiration pour ressentir cela, ressentir la Paix qui est toujours présente au plus profond de votre Être, qui peut certes être « masquée » ou » cachée » à votre conscience limitée derrière le personnage qui réagit selon sa construction illusoire, mais qui ne peut en aucun cas être séparé de ce qu'il Est.

Je Suis, Nous Sommes cette Paix. Ressentez cela derrière le personnage.

Selon le point de vue proposé, cette Paix est vécue, que vous le ressentiez ou non, par un des « vous » existant sur la boule de Tous les

Possibles. C'est un des possibles parmi tous les autres. Il est constitué de la « dé-construction » des liens qui manifestent l'illusion du personnage séparé.

C'est l'absence ou la faiblesse de ces liens énergétiques qui permet de laisser toute la place à l'Être, et donc à la Paix qui lui correspond d'être goûtée. C'est la faiblesse ou l'inexistence de ces liens dans l'instant vécu qui permet la non-réaction du personnage qui pouvait empêcher ou perturber l'apparition de cet état naturel de l'Être. C'est pourquoi la méditation régulière et tout ce qui lui ressemble donnent l'occasion de s'habituer à lâcher ces liens et, ainsi, de vivre de plus en plus souvent cet état de Paix dans sa vie de « tous les jours ».

L'invitation est ici à bien saisir que, peu importe le stade où vous en êtes, peu importe le vécu actuel, peu importe l'extérieur, rien ni personne ne peut vous empêcher de revenir à la Paix. Cet état d'Être est là, disponible, il est la normalité.

Vous Êtes, Nous Sommes la Paix qui goûte l'illusion de la non-paix.

Le véritable miracle est d'avoir réussi à se faire croire à l'inverse, car il n'y a rien d'autre que Soi avec Soi et pour Soi.

Ce Soi Est la Paix et nous sommes toutes et tous cela. C'est l'expérience illusoire de la séparation qui nous rend cette expérience impossible à goûter si l'on est pleinement conscient de qui l'on est vraiment.

Comprenez bien que tout a été inversé pour donner la possibilité de vivre cette fabuleuse expérience. Vous n'êtes pas la non-paix qui cherche la Paix, vous Êtes la Paix qui s'oublie pour goûter la non-paix. Voyez-vous l'histoire que le mental/ego, le personnage fabriqué par Soi et pour Soi se raconte ?

Mais là encore, il n'y a rien à juger et le point de départ est aussi la Paix. Soyez en Paix avec le mental/ego, avec le personnage. Il n'est pas là pour vous embêter, il est là pour l'expérience, et nous vivons actuellement ce retournement de la conscience qui va nous donner l'occasion de remettre les choses à « l'endroit ».

Le point de départ est la Paix, car à chaque fois que nous sommes en réaction, dans le jugement, dans l'attente d'un autre état, dans le combat… nous ne faisons que renforcer les liens énergétiques qui nous empêchent justement d'aller sur un point de conscience où ce que l'on souhaite se trouve.

Le point de départ est toujours la Paix, car c'est ce qui permet de lâcher les liens énergétiques qui font notre « ici et maintenant », c'est le seul endroit où nous sommes libres. C'est le seul endroit où nous pouvons Voir la vérité et nous laisser porter par la Vie dans la simplicité du Cœur.

Depuis cet espace simple et puissant, il n'y a plus rien qui ne soit pas accueilli, car c'est la réaction, la non-paix avec ce qui se présente, qui peut demander un « effort » à « l'Accueil ». Pouvez-vous voir et ressentir à quel point cela est puissant ?

L'accueil de ce qui Est en l'instant n'est plus à chercher, il « Est » simplement, car Je Suis en Paix et donc plus rien ne peut être rejeté ou jugé. C'est l'état de Je Suis, la présence derrière tout ce qui Est, qui ne peut que vivre et rayonner cette Paix infinie.

Maintenant qu'on a essayé de définir ce qui ne peut l'être au final, revenons à notre point de conscience limité actuel. Passer d'un état de conscience à l'autre, d'un point de vue à l'autre, est une invitation puissante, comme une gymnastique habituelle pour faciliter le vécu depuis la conscience élargie des multidimensions. Peut-être avez-vous déjà touché quelque chose qui ressemble à cet état d'Être de Paix infinie. Peut-être pas, ce n'est pas important.

Nous sommes à l'endroit où nous sommes sur cette boule de Tous les Possibles, c'est-à-dire que la couche non consciente n'est peut-être pas en Paix et nous avons alors l'impression de subir l'expérience, d'être en réaction… Or, nous avons touché à la conscience Unitaire, à la conscience de Qui Nous Sommes vraiment, et l'invitation est de simplement, sans y mettre de réflexion ou de questionnement du mental, ressentir et garder cette multiconscience, quel que soit le point de vue du vécu dans l'instant.

C'est cette nouvelle vision, ce nouvel état d'Être qui vibre à la fois le point de vue limité du jeu et le point de vue élevé de la source du jeu qui va permettre de Voir et libérer les croyances et mémoires pour enfin retrouver un fonctionnement naturel et magique.

Chaque situation dans le jeu, dans l'expérience, peut être ressentie et vécue d'une infinité de manières. Vous pouvez voir depuis le mental limité et vous contracter, être en réaction totale, subir – ou ressentir et vivre cette même situation depuis un point de vue plus ouvert, depuis le point de vue de l'Être qui est en Paix et Voit le jeu en sachant qu'il en est à la fois l'auteur, l'acteur et le spectateur.

Si vous gardez cela dans un petit coin de votre tête et que vous y revenez à chaque fois que vous vous sentez mal ou en réaction, si vous vous permettez de modifier votre point de vue en ayant cette conscience de Qui Vous Êtes Vraiment, sans nier ou rejeter ce qui est vécu, alors vous pourrez vous libérer de toutes les situations et, petit à petit, laisser émerger et vivre la Paix que Vous Êtes.

Le point de départ est toujours la Paix, c'est depuis cet endroit, depuis ce relâchement des liens énergétiques qui constituent le personnage, que vous pourrez trouver cette Liberté Absolue de prendre une autre direction sur la boule de Tous les Possibles.

Pour bien comprendre cela, prenez le temps d'imaginer ceci :

Vous êtes au centre de votre expérience, les liens énergétiques qui constituent le personnage, les mémoires, l'histoire, le programme qui détermine vos réactions, ces liens sont présents et vous maintiennent à l'endroit où vous êtes dans le jeu. Plus vous êtes en réaction contre ce programme, plus vous tirez et tendez ces liens. Vous vous emprisonnez dans la situation car les liens vous empêchent de déplacer votre point de vue.

Des solutions pour vous libérer existent, mais elles se trouvent derrière vous et vous ne pouvez pas les voir. Plus vous êtes en réaction, plus vous vous bloquez, et plus vous souffrez de la situation.

C'est l'enfermement total dans la vision limitée du mental, il vous est alors impossible de Voir l'ensemble du jeu et les solutions qui s'y trouvent toujours, quelle que soit la situation. Vous subissez, alors que tout pourrait se résoudre d'une manière que ne pouvez peut-être même pas imaginer.

Maintenant, voyez cette même personne, elle revient à la Paix qu'elle Est derrière le personnage. Elle lâche donc petit à petit les liens énergétiques qui la maintiennent dans la situation, elle ressent de plus en plus cette Paix, n'est plus en réaction car les liens qui constituent le personnage, le mental/ego, se relâchent un à un.

Depuis ce point de Paix, elle est libre de tout lien, elle peut déplacer son point de vue et voir toutes les solutions apparaître comme par magie ; ce qu'elle ne pouvait pas voir derrière elle alors qu'elle était bloquée par les liens apparaît et lui permet, de manière fluide, de résoudre l'équation qui lui semblait impossible à solutionner dans sa situation.

Voyez-vous, le point de départ ne peut être que la Paix, car c'est cet état qui permet de dénouer les situations. À chaque fois que l'on se crispe, que l'on combat, que l'on va contre, que l'on ressent de l'impuissance, que l'on a peur, que l'on est en colère – à chaque fois qu'on s'éloigne de la Paix –, on renforce les liens qui nous empêchent d'être libre et de voir l'ensemble ou une partie plus importante du jeu.

L'humain actuel fonctionne souvent dans l'autre sens : il attend que l'extérieur que son expérience se modifie pour trouver la Paix. Vous voyez ainsi qu'il serait bon de commencer par Être en Paix pour pouvoir laisser apparaître les solutions et transformer l'expérience vécue.

Tout part de l'Être, du ressenti de l'état d'Être qui Est la Paix, l'Amour et la Joie. Tout le reste n'est que réaction à l'illusion de l'extérieur selon la construction du mental/ego qui permet cette expérience de la séparation.

Vous pouvez voir et saisir ici ce que veut dire fonctionner de l'intérieur vers l'extérieur et pas l'inverse. C'est un sujet souvent abordé lors de formations ou stages, mais tant que ce n'est pas ressenti profondément, cela ne peut pas être vécu.

Voyez-vous ces liens qui construisent le mental/ego ? Cette sorte de programme informatique qui permet l'expérience, voyez-vous que ces liens ne sont pas Qui Vous Êtes vraiment, mais juste une partie de Vous pour vivre cette expérience ?

Ressentez-vous le « Je Suis » derrière le programme, le personnage ? Ressentez-vous que le personnage vous sert simplement à goûter cet état vibratoire du vécu dans l'illusion de la séparation, et que vous pouvez à tout moment reprendre la main et libérer le personnage de sa souffrance ?

Si vous ne pouvez pas encore ressentir ce soulagement, cette puissante et simple vision de l'Être, ne vous inquiétez pas, cela viendra, on ne fait que commencer, nous avons encore beaucoup à voir ensemble, à partager pour revenir à ce ressenti, à cette conscience qui amène à cette libération totale et permet de Vivre la magie.

Voici un petit truc qui pourra vous aider à dédramatiser les situations extérieures qui vous font encore réagir de manière trop importante :

Commencez par respirer profondément, détendez-vous au maximum de ce que vous pouvez en cet instant, sans vous mettre la pression du résultat.

Pensez à la situation qui vous fait encore réagir et vous empêche d'être en Paix, voyez l'émotion provoquée (tristesse, colère…) comme une boule d'énergie blanche.

Voyez cette boule d'énergie comme étant votre « enfant » énergétique, voyez cette émotion, cette boule d'énergie que vous avez enfantée comme une mère aimante voit et accueille son enfant.

Accueillez pleinement cette boule d'énergie, cette émotion, avec Amour et compassion. Ressentez cet Amour inconditionnel que l'on peut ressentir pour son enfant. Rassurez cet enfant, prenez-le dans vos bras.

Maintenant, essayez de faire la Paix, d'Être en Paix avec la situation qui a provoqué l'émotion.

Si vous ne pouvez pas Être totalement en Paix avec la situation, accueillez cela et prenez du recul. Ce n'est pas grave, observez cet état de fait depuis l'Être et non depuis le mental.

Prenez une respiration et essayez d'Être en Paix avec le fait que vous n'êtes pas en Paix avec la situation.

Si vous n'y arrivez toujours pas, accueillez cela, il n'y a pas d'enjeu, observez-le simplement.

Prenez à nouveau une grande respiration et essayez d'Être en Paix avec le fait que vous n'êtes pas en Paix avec le fait que vous n'êtes pas en Paix avec la situation. :-)

Si vous n'y arrivez toujours pas, accueillez cela, il n'y a pas d'enjeu, observez-le simplement.

Prenez à nouveau une grande respiration et essayez d'Être en Paix avec le fait que vous n'êtes pas en Paix avec le fait que vous n'êtes pas en Paix avec le fait que vous n'êtes pas en Paix avec la situation. :-) :-)

Si un sourire se pointe – accueillez-le et ressentez à quel point ce qui se passe n'a d'importance que celle que l'on veut bien lui donner. C'est toujours le personnage qui réagit, et il peut modifier sa réaction d'une seconde à l'autre en fonction du point de vue choisi.

Faites-le encore jusqu'à ce que cela devienne risible. Une fois que avez trouvé le point où vous pouvez être en Paix, essayez de revenir vers la situation, trouvez le point de Paix le plus proche de cette situation et ressentez cette Paix pleinement.

Utilisez ce petit truc aussi souvent que possible pour démonter petit à petit les réactions qui persistent encore et maintiennent les liens énergétiques qui constituent le personnage, le mental/ego.

N'hésitez pas à utiliser ceci aussi pour trouver la Paix avec votre mental/ego, justement, car il n'est pas à rejeter, c'est ce qui fait de vous, de votre expérience, quelque chose d'unique, et cela complète le tableau énergétique fabuleux de « Tous les Possibles ».

Comprenez bien que vous ne pourrez jamais vous libérer si vous rejetez. Le rejet renforce le lien énergétique de ce qui est rejeté. De plus, chaque rejet ne peut en fait être qu'un rejet d'une partie de Soi. Il est bon de toujours revenir à Qui l'On Est vraiment, au fait qu'il n'y a que Soi avec Soi et *pour* Soi.

La libération est obligatoirement inclusive et ne peut en aucun cas être totale tant que l'on rejette quelque chose. Attention, Être en Paix avec quelque chose ne veut pas dire être d'accord. Cela veut simplement dire qu'il n'y a pas de rejet, de réaction émotionnelle de type peur, colère… Pas d'implication émotionnelle durable envers la situation et d'envie de vouloir absolument la combattre pour la changer.

Prenons un exemple simple avec les couleurs de l'arc-en-ciel. Tout le monde trouve cela joli (en général). C'est vrai que cet ensemble de couleurs dans le ciel est admirable.

Maintenant, pensez à votre couleur préférée et à la couleur que vous aimez le moins. Ensuite, imaginez, visualisez un arc-en-ciel qui soit uniquement de votre couleur préférée, et même, pour aller plus loin, que tout sur la planète est de cette unique couleur. Trouvez-vous cela joli ou préférez-vous la diversité ?

À présent, pensez à la couleur que vous n'aimez pas – vous avez parfaitement le droit de ne pas aimer ou plutôt de ne pas vibrer avec une couleur, c'est votre point de vue unique et il est juste. Cependant, imaginez que cette couleur soit supprimée de l'arc-en-ciel, qu'elle soit carrément supprimée de la planète. Et, puisque toutes les personnes sont différentes, imaginez qu'on finisse par supprimer toutes les couleurs qui existent, car, si vous pouvez supprimer ce que vous n'aimez pas, pourquoi les autres ne pourraient-ils pas le faire également ? Est-ce que cela serait joli ?

Voyez-vous, les couleurs sont des vibrations, une interprétation de la vibration, plus exactement. Ce n'est pas parce qu'une vibration n'est pas en adéquation avec le point de vue unique et juste de notre expérience qu'elle doit être rejetée ou supprimée de l'ensemble de l'expérience.

Tout est vibration, tout est interprétation de la vibration depuis un point de vue unique et juste. Les expériences sont vibratoires, tout, absolument tout est vibration de l'unique *chose* qui existe vraiment et qui est cette Source de la vibration, la Source Une.

Rejeter quelque chose, que ce soit une couleur, un son, une odeur, une émotion, une situation, quoi que ce soit, c'est rejeter l'émanation de

Qui Je Suis vraiment dans l'expression de Tous les Possibles. Pouvez-vous prendre le recul nécessaire, respirer et ressentir cela ?

La Paix Est et sera toujours le point de départ et le point d'arrivée. Tout ce qui se trouve entre les deux n'est qu'un bruit parmi le bruit, une couleur parmi les couleurs, n'est que l'expérience de Tous les Possibles exprimée dans une explosion de Joie créatrice de la Source Une.

La Paix Est le point de départ de la Libération car c'est ce qui permet de se rapprocher de l'état primordial de la Source Une que nous sommes toutes et tous au final. C'est ce qui permet de lâcher les liens énergétiques qui nous empêchent de ressentir, de laisser émerger le Soi. Mais là encore, ce n'est pas (et cela ne peut être) un combat avec ces liens, ce mental/ego, car le combat est une réaction qui renforce les liens et amène le vécu de l'expérience inverse de ce qui est souhaité.

Cela n'empêche aucunement de choisir l'Amour, d'avoir une vision du monde dans lequel on vit cette expérience qui soit plus alignée avec l'Amour ou qui tende vers plus d'Amour. Cependant, cela ne peut être fait de manière efficace que si et uniquement si l'on est totalement en Paix avec ce qui n'est pas, selon le petit soi, aligné avec la vision de ce personnage unique et juste.

Tout ce qui est dénoncé avec colère ou sentiment d'injustice, tout ce qui est combattu avec violence, tout ce qui est rejeté, jugé, ne fait que maintenir les liens qui font que cela existe, et ainsi bloquer la situation. Pouvez-vous Voir et ressentir cela ?

Ce n'est pas parce que vous ne vibrez pas avec quelque chose, avec certains comportements des « autres », avec des situations, avec des couleurs, des sons, des odeurs, que ces choses doivent disparaître de Tous les Possibles. Tout, absolument Tout a sa raison d'Être, qu'on le comprenne ou pas. Ce n'est pas depuis notre point de vue unique et juste mais très limité que nous pouvons décider que ceci doit exister et cela ne le doit pas.

Encore une fois, on a le droit de ne pas être d'accord et de faire d'autres choix pour soi, pour son expérience personnelle, mais sans être pour autant dans le jugement et le rejet de ce qui ne vibre pas avec soi.

Chaque point de vue est unique et juste, on peut comprendre facilement que si chacune, chacun faisait disparaître ce qui ne lui convient pas sur la boule de Tous les Possibles, il ne resterait à la fin plus rien du tout.

Nous avons toutes et tous vécu des épreuves qui nous ont finalement apporté bien plus de « positif », de soulagement, de prise de conscience, que tout le reste dans notre vie. Nous avons besoin de toutes les couleurs pour apprécier celle qui nous émeut, de tous les sons pour apprécier la mélodie qui nous fait vibrer dans l'instant, de toutes les odeurs pour apprécier celles qui nous touchent…

Ce sont les contrastes entre tous les possibles qui permettent la Joie de la diversité. Nous ne nous mettons pas à juger une personne sur le fait qu'elle aime le rouge alors que nous, non.

Chaque expérience vécue Est, simplement elle Est. Elle fait partie de tous les possibles et je peux l'observer en tant que telle, sans la renier, sans la rejeter même si je ne vibre pas avec elle.

Pouvez-vous un instant déposer le mental/ego et Voir cette multitude d'expériences vécues pour ce qu'elles sont : des vibrations de la Source Une, la simple expression non jugeante de Tous les Possibles.

Il est évident que certaines, certains vont ici avoir du mal à ressentir la Paix avec quelques possibles exprimés. Vous n'allez pas du jour au lendemain relâcher tous les liens du personnage qui vous mettent encore en réaction.

Cependant, soyez en Paix avec cela aussi, laissez-vous glisser petit à petit vers cette nouvelle conscience, soyez absolument OK avec l'étape où vous êtes dans l'instant et allez simplement vers plus de Paix, plus de Qui Vous Êtes vraiment.

Le point de départ est la Paix, car c'est cette Paix (qui ne dépend de rien) qui permet de lâcher les liens qui nous maintiennent à un niveau de conscience limité, éloigné de la Source Une que nous sommes. Plus je suis en Paix, plus je lâche les liens qui constituent le personnage en réaction, et plus je m'élève, plus je m'ouvre alors à d'autres possibles libérateurs que je ne pouvais ni voir ni même imaginer.

Ce n'est pas simplement et uniquement mon expérience avec mon entourage immédiat qui bouge et se libère, c'est mon Univers tout entier qui se réorganise. C'est au moment où la Paix totale avec tout ce qui Est est ressentie et vibrée dans la profondeur de mon Être – ou plutôt, c'est quand je suis capable la laisser émerger à nouveau, lorsque plus rien d'autre que la Paix et la Joie infinie est vibré et rayonné en moi et tout autour de moi, que toute mon expérience s'élève, donnant ainsi la liberté à l'ensemble de mon Univers, de mon expérience vécue dans la matière, de se réaligner avec l'Amour.

Depuis cet état d'Être, il ne peut y avoir de place pour la volonté de changer ou modifier quoi que ce soit, et c'est justement parce que la volonté du petit soi a disparu que le Soi peut alors s'exprimer et changer l'expérience.

La volonté du petit soi sépare du résultat de ce qui est voulu. Chaque fois que je « veux », je me sépare de ce que je veux, car je maintiens les liens, la vibration de la séparation du résultat souhaité. Chaque fois que je m'abandonne au Je Suis, que je laisse émerger cette Joie de l'Être, que je me soumets à l'Amour de Qui Je Suis vraiment, alors tout se met en place pour que mon Univers tout entier se réaligne avec l'Amour.

Le point de départ est toujours la Paix, car c'est le seul endroit où je suis libre de tout lien, c'est le seul endroit où je peux regarder émerger Qui Je Suis vraiment et me laisser aller pleinement à la magie de la Vie.

Attention à bien comprendre ici : il ne s'agit pas de ne plus rien faire, de se mettre dans une grotte pour méditer et attendre… Il s'agit simplement de fonctionner différemment, de faire depuis l'Être, depuis la Paix du Je Suis, et pas depuis le personnage qui « veut ».

Lorsque je m'abandonne au Je Suis et que la Paix prend la place, alors l'action devient une évidence et n'est plus réfléchie. L'action est alors juste et je peux observer l'Univers tout entier qui se synchronise avec mes actes pour les rendre plus efficaces. C'est ainsi que la magie fait son œuvre, car je suis dans le flux de la Vie, il n'y a pas de résistance et tout s'aligne parfaitement.

Le point de départ est toujours la Paix, alors ancrons cela en nous avec cette pratique guidée à faire et à refaire autant de fois que vous le sentirez bon pour vous.

Pratique : Ressenti de la Paix au-delà du personnage et de son expérience (méditation guidée) :

Installez-vous confortablement et respirez en conscience. Faites le vide et laissez-vous aller…

Ressentez votre connexion avec la Terre Mère, ressentez sa compassion, son Amour inconditionnel pour vous… Ressentez cette belle énergie monter et s'installer en vous, au centre du Cœur…

Ressentez votre connexion avec le Père Ciel, ressentez sa puissance d'Amour, sa Lumière et sa bienveillance pour vous… Ressentez cette belle énergie descendre et s'installer en vous, au centre du Cœur…

Ressentez les deux énergies s'enlacer et fusionner en vous au centre de votre Cœur…

Abandonnez-vous de plus en plus profondément à la Présence Je Suis, laissez-vous glisser… Lâchez tout ce qui se présente, ne vous attachez pas au mental ; s'il souhaite continuer à bavarder, laissez-le faire, dites-lui simplement que vous l'aimez, ressentez de l'Amour et de la compassion pour lui, puis invitez-le simplement à se détendre s'il le souhaite.

Ressentez ce Je Suis prendre de plus en plus de place jusqu'à envelopper votre mental/ego, avec Amour et compassion. Ressentez cet Amour de Vous pour vous, de la Source que vous Êtes pour le personnage. Offrez-vous cet Amour.

Vous pouvez voir et ressentir que vous Êtes à la fois la Source de cette Paix infinie et le personnage en réaction emprisonné dans sa construction illusoire.

Passez de l'un à l'autre, du Je Suis au personnage et du personnage au Je Suis. Voyez à quel point vous pouvez bouger facilement d'un point de vue à un autre.

Si vous n'y arrivez pas, relâchez et laissez aller.

Ressentez la Présence, cette Paix infinie qui ne dépend aucunement de ce qui se passe à l'extérieur.

Respirez, ressentez…
Respirez, ressentez…
Respirez, ressentez…

Depuis ce point de vue de l'Être, voyez le personnage, aimez-le, ayez de la compassion pour lui. Voyez à quel point il fait partie de Vous, sans qu'il soit votre Totalité.

Observez cette partie de vous qui croit être séparée de Qui Vous Êtes, mais qui ne peut et ne pourra jamais l'être.

Observez et aimez…
Observez et aimez…
Observez et aimez…

Maintenant, montrez au personnage, depuis cette conscience du grand Vous, depuis cet état de Paix infinie, montrez au personnage, à cette partie de Vous, comment il peut lui aussi recevoir et ressentir la Paix indépendamment de l'expérience qu'il croit vivre.

Voyez le personnage ouvrir la porte et se remplir lui aussi de la Paix que vous Êtes. Chaque inspiration le remplit de Paix.

Inspirez la Paix, ressentez…
Expirez la non-paix, ressentez le soulagement…
Inspirez la Paix, ressentez…
Expirez la non-paix, ressentez le soulagement…
Inspirez la Paix, ressentez…
Expirez la non-paix, ressentez le soulagement…

Voyez ce flux et reflux, cette circulation libre et fluide de l'énergie entre le personnage et l'Être, le Soi.

Inspirez la Paix, ressentez…
Expirez la non-paix, ressentez le soulagement…
Inspirez la Paix, ressentez…
Expirez la non-paix, ressentez le soulagement…
Inspirez la Paix, ressentez…

Expirez la non-paix, ressentez le soulagement…

Voyez les liens qui crispaient le personnage se détendre au fur et à mesure, voyez la Paix s'inviter dans l'énergie du personnage librement.

Voyez et ressentez combien le personnage est maintenant en Paix, comment il fait à nouveau partie consciemment de l'Être. La circulation de l'énergie de Paix peut se faire quel que soit le vécu.

Respirez, ressentez…
Respirez, ressentez…
Respirez, ressentez…

Voyez les cellules de votre corps physique se baigner dans cette Paix, se détendre comme jamais, voyez cette nouvelle circulation se produire en vous dans tout votre corps.

La conscience de l'Être s'invite dans le personnage et permet l'installation de la Paix naturelle, tout circule à nouveau. Vous pouvez voir les liens qui construisent le personnage s'affaiblir pour laisser l'Être émerger un peu plus encore.

Respirez, ressentez…
Respirez, ressentez…
Respirez, ressentez…

C'est un soulagement qui s'installe, la Paix est à nouveau goûtée dans l'expérience du personnage sans que l'extérieur en soit la cause. Cette Paix vient de l'intérieur et rayonne maintenant vers l'extérieur. Je prends conscience que Je Suis la Paix, c'est une prise de conscience qui envahit tout mon Être.

Je Suis la Paix
Je Suis la Paix
Je Suis la Paix

Je peux alors voir ce qui me faisait réagir auparavant sans que cela ébranle en rien cette Paix que Je Suis, car c'est ce que Je Suis, ce n'est pas une réaction, c'est ce que Je Suis, il n'y a pas de condition pour cela, c'est ce que Je Suis.

Je Suis la Paix. Ce n'est pas quelque chose à atteindre, c'est ce que Je Suis. Je Suis la Paix et cela infuse maintenant le personnage qui fait partie de Moi.

Respirez, ressentez…
Respirez, ressentez…
Respirez, ressentez…

Fin de la méditation.

Vous êtes invité à revenir à cette pratique aussi souvent que possible, aussi souvent que vous le sentirez bon pour vous dans les jours et semaines à venir. C'est par votre pratique que la conscience change, que la vibration change et même si vous ne le voyez pas tout de suite, cela va réorganiser votre Univers, votre vécu, vos interactions avec les « autres ».

Si vous ne ressentez rien pendant les exercices, ne vous sentez pas frustré, accueillez simplement cet état de fait dans l'instant. Soyez en Paix avec cela et tournez-vous vers la Joie, vibrez cette Joie simplement en ayant confiance dans la Vie que Vous Êtes.

N'oubliez pas que ce livre n'est pas juste un livre, il est associé à une vibration particulière qui va vous accompagner, que vous en soyez conscient ou non.

Vous avez accès gratuitement à des vecteurs audio, des vidéos, des Séances sur Internet, des stages/partages… Tout ce qui est associé au livre vous est offert. Ce livre est un support, une base qui donne accès au reste, et je me ferai un plaisir de vous accompagner au-delà de cet ouvrage pour que ce ne soit pas juste « un livre de plus » dans votre bibliothèque. Exploitez tout et impliquez-vous !

Pour profiter de tout ce qui vient avec ce manuel, rendez-vous sur ce lien privé qui vous expliquera comment accéder à l'espace membre qui contient les autres liens et programmes d'accompagnement…

Allez voir ici pour profiter de tout ce qui accompagne le livre :

https://stephane-colle.com/livre

5 LA LIBÉRATION PAR L'AMOUR

Une fois que la Paix que Nous Sommes depuis toujours et pour toujours est vécue dans l'expérience, ou que la conscience de tout cela commence à s'inviter dans notre expérience terrestre de manière plus ou moins stable, plus ou moins forte, alors on peut commencer à entrevoir cette porte lumineuse qui se présente à nous pour aller vers de nouveaux possibles.

Cette porte, cette ouverture vers l'inconnu – ou plutôt vers « l'oublié » – peut bousculer, faire peur, questionner… L'invitation sera comme toujours de trouver la Paix et de se faire confiance, car, une fois que l'on se reconnaît, qu'on retrouve la conscience du « Je Suis », il est impossible de douter ou d'avoir peur du chemin emprunté.

N'hésitez pas à revenir en arrière dans le livre, à refaire les méditations si vous le sentez nécessaire. Faites des pauses, mettez en pratique dans votre vie de tous les jours. Ramenez dans le vécu cette conscience plus élevée qui peut apparaître lors de la lecture ou des pratiques, ne séparez pas les choses, vivez pleinement cette nouvelle vision à chaque instant. Voyez comment cela modifie votre comportement, voyez aussi comment les « autres » peuvent changer de comportement avec vous. Prenez le temps d'observer en conscience ce qui se passe.

Je me permets de le dire à nouveau, ce livre n'est pas « juste un livre ». Oubliez vos fonctionnements habituels de lecture, laissez-vous guider, écoutez-vous, écoutez la petite voix qui vous invite à relire certains passages si elle se présente, à faire une pause, à refaire les pratiques…

Soyez le plus Présent possible. Ressentez la Paix, vivez l'instant pleinement, observez et laissez-vous inspirer par la Vie, par la Présence Je Suis qui pousse et prend de plus en plus de place. Lâchez sans peur les liens qui font la construction du mental/ego jusqu'à ce que le Soi, le « Je Suis », prenne petit à petit la main sur votre vécu.

Bien sûr le mental/ego va certainement résister, il va essayer à tout prix de garder ce qu'il croit être le contrôle sur son expérience. Observez-le simplement. Il ne peut plus vous leurrer, car vous pouvez maintenant le Voir agir, vous savez, vous ressentez que vous n'Êtes pas uniquement cela, que ce n'est qu'une petite partie de Vous.

Rassurez-le, soyez bienveillant avec lui. Le mental est votre enfant, il n'est pas à rejeter – on ne rejette pas son enfant, on l'accueille, on l'écoute, on le rassure, on lui donne des explications, on l'aime sans condition, on l'invite simplement à retrouver sa place lorsqu'il en fait un peu trop.

La Paix est le point de départ et l'Amour est la clé, la clé qui ouvre la porte des nouveaux possibles. Lorsque je ressens cette Paix que Je Suis, lorsque je m'abandonne à la Présence Je Suis, je peux ressentir cet envahissement de l'Amour dans Tout mon Être. Cet Amour pur et inconditionnel Est ce que Je Suis et je peux alors le ressentir, en prendre conscience et, surtout, me l'offrir sans restriction.

Si je me souviens que Je Suis Tout ce qui Est et qu'il n'y a, finalement, que Moi avec Moi et pour Moi, alors je peux saisir, ressentir, conscientiser que l'Amour Total de Soi est la clé de la porte de la Toute-Puissance, non pas de la prise de pouvoir sur autrui, mais de la Toute-Puissance de mon Être, de l'Amour sur mon expérience.

Si je me laisse envahir par cet Amour pour Moi, pour le petit moi, pour Tout et absolument Tout ce qui Est, alors je me permets simplement de libérer tout attachement, tout jugement, toute résistance ; je m'autorise l'expérimentation la plus élevée, la plus alignée avec l'Amour.

Encore une fois, tout cela n'est pas à chercher ; de même que la Paix Est l'état naturel, l'Amour, la Source d'Amour infinie qui anime Tout ce qui Est ne peut être séparée de Qui Je Suis vraiment. Je Suis cet Amour pur et inconditionnel, que je le ressente ou pas, c'est ce que Je Suis et rien ni personne ne peut changer cela.

Cet Amour n'est pas à trouver, il Est là depuis toujours et pour toujours, et je peux naturellement le ressentir ou me le cacher, le goûter ou me faire croire que j'en suis séparé. Ici encore, on peut facilement comprendre que le véritable miracle est d'avoir réussi à se faire croire à la séparation de cet état de fait.

Je Suis l'Amour et donc je ne peux le chercher ailleurs, c'est ce que Je Suis.

Je Suis l'Amour infini qui s'oublie pour goûter l'illusion du non-amour.

Si je dépose le mental, si je lâche tout, si je me laisse aller complètement en tournant le dos à l'enfumage de l'histoire du vécu, alors je peux ressentir un début de ce qu'Est l'Amour, pas en totalité, car là où je suis dans cet espace-temps ne supporterait pas la puissance d'Amour que Je Suis au final.

Prenez un peu de temps pour accueillir cet état de fait, laissez-vous porter, laissez votre construction, votre personnage accueillir cela.

La libération des liens qui nous constituent, qui font le personnage, le mental/ego, se fait toujours par l'Amour « véritable », par la conscience de l'Amour offerte à la mémoire, à la situation…

Plus je m'aime, plus je m'offre et me permets de ressentir cet Amour que Je Suis, plus je m'ouvre à cette conscience de l'Amour, plus je suis bienveillant avec moi, et plus je m'élève et élève en même temps mon expérience du vécu dans ce monde illusoire qui n'est qu'un reflet de ma vibration intérieure projetée dans cet « extérieur ».

Lorsque je suis en Paix avec une situation souffrante et que je me permets de lui offrir Tout mon Amour, que je l'Aime au-delà de l'imaginable, que je l'Aime pour ce qu'elle Est, c'est-à-dire une simple expression de la Source Une que Je Suis, alors je la libère de mon attachement, de ce lien qui m'unit à elle depuis cette cristallisation énergétique du Je Suis dans cette expérience terrestre.

Le point de départ est la Paix, la clé de la libération est l'Amour.

Dans cet espace-temps, dans cette expérience sur Terre, nous fonctionnons à l'envers de notre véritable nature. Vous l'avez compris, ce n'est pas à juger ou même à rejeter, c'est juste une expérience vécue parmi les autres. Nous croyons qu'il faut combattre ce que nous pensons être « mal », nous pouvons même haïr les personnes ou les comportements que nous jugeons comme étant inadaptés ou dans le non-amour. Or, la vibration même de ce jugement, de cette haine, contribue à renforcer ce que nous jugeons ou détestons.

Les sages de toutes les époques l'ont toujours exprimé, par exemple Mère Teresa :

« Je n'irai pas à une manifestation contre la guerre, mais si vous faites une manifestation pour la paix, invitez-moi. »

La Vie a un fonctionnement simple : je nourris ce que je vibre. Si je vibre le combat contre quelque chose, alors je nourris ce que je souhaite voir disparaître.

Ramenons cela à la boule de Tous les Possibles, et voyons ainsi comment cela fonctionne :

Si je porte mon attention et vibre *contre* quelque chose, alors je mets dans mon GPS vibratoire l'information suivante : « Je choisis d'aller vers ce possible déjà existant, de déplacer ma conscience vers ce possible manifesté », qui est en fait ce que je ne souhaite pas.

Si on va un peu plus loin encore selon le point de vue proposé, ce que je fais dans ce cas, en choisissant d'aller *contre*, c'est de renforcer les liens énergétiques qui me lient à ces personnes ou ces situations que je juge et rejette.

Il n'y a que Soi/Moi avec Soi/Moi et pour Soi/Moi, aussi, lorsque je juge ou rejette quelque chose, c'est une partie de Soi/Moi que je rejette, que je juge… Je me renie, je dis vibratoirement que je n'aime pas ces parties de Moi. C'est un peu comme si ma main droite reniait et rejetait ma main gauche. Tant que je ne m'aime pas dans ma totalité, même si je ne comprends pas toujours depuis mon point de vue limité ce qui se joue véritablement, je ne peux être libre.

En allant *contre* et donc en renforçant ces liens énergétiques, je maintiens l'expérience telle qu'elle est ou même la renforce. C'est pourquoi on peut souvent remarquer que les schémas du vécu se répètent encore et encore jusqu'au moment où la prise de conscience intervient et/ou le mental abandonne le combat.

L'abandon du combat du mental, ce « Je n'en peux plus, j'abandonne » qui intervient après avoir tout essayé avec les réflexions du mental, ce « OK, je lâche tout » libère le lien énergétique qui maintenait la situation dans l'expérience.

La résolution est toujours dans l'abandon et non dans le combat, dans la détente et non dans la contraction, dans la Paix du Cœur et non dans le jugement du mental limité, dans l'Amour inconditionnel et non dans la haine. Attention, il n'est pas dit ici de tout laisser faire, mais d'être en Paix avec ce qui Est et de nourrir éventuellement l'inverse, de choisir l'Amour et non la haine ou la peur.

L'invitation est de bien comprendre que l'interprétation par le mental limité de l'expérience vécue est toujours incomplète. Le point de vue est toujours limité et c'est ce qui permet l'expérience. En effet, si j'étais totalement conscient, alors l'expérience ne pourrait plus exister dans sa dualité illusoire car je serais uniquement la vérité de Qui Je Suis vraiment et donc Paix, Amour et Joie infinie, l'indéfinissable Amour.

C'est la limitation de ma conscience dans cette expérience qui me permet de goûter à cette palette de couleurs, de sons, de vibrations impossibles à goûter autrement.

Le véritable Amour est impossible à définir avec des mots car ce serait déjà une interprétation du mental limité. L'Amour ne peut pas juger, l'Amour ne combat pas, l'Amour ne peut même pas se goûter dans son entièreté car ce serait déjà une interprétation de ce qu'il Est. Pouvez-vous simplement laisser émerger cela ?

Tout ce que croit le mental est, et sera toujours une interprétation incomplète de la vérité. Le mental croit avoir raison, croit que sa vérité est l'unique vérité, que son point de vue doit être celui des autres…

C'est pourquoi il est si difficile pour lui d'Aimer de manière inconditionnelle, de ne pas juger, d'accepter ce qui peut paraître inacceptable selon ses croyances limitées. D'où la difficulté à lâcher les liens énergétiques du jugement qui, en fait, maintiennent les situations souffrantes dans l'expérience.

Si je reviens à Qui Je Suis vraiment, même si je ne peux pas encore en toucher l'essence, même si je ne peux pas encore le ressentir dans tout mon Être, je peux tout de même concevoir que mon mental qui me permet ce point de vue unique et juste n'est pas la seule vérité, qu'il est simplement une vérité parmi les autres et qu'elle n'est ni mieux ni moins bien qu'une autre, et que Je Suis bien au-delà de cette vérité limitée.

Je peux alors lâcher les croyances, élever mon point de vue, Voir depuis l'Être et pas depuis le mental. Voir depuis l'Amour et pas depuis l'interprétation limitée du mental/ego.

Cette vision des différents points de vue qui sont tous uniques et justes est importante pour bien saisir le sens et pour être capable de lâcher de plus en plus les liens énergétiques qui nous maintiennent dans cette limitation.

Voyez-vous, le véritable Amour n'a rien à voir avec l'interprétation de la vibration dans le vécu. L'Amour véritable n'est pas « j'aime ceci et pas cela », « j'aime cette situation et pas celle-là », « j'aime cette personne et pas celle-là »… Ici, on est dans l'affinité avec telle ou telle vibration, cela n'a rien à voir avec l'Amour véritable.

L'Amour *est*, il n'interprète pas, il ne compare pas, il ne juge pas… C'est ce qu'il y a quand il n'y a plus rien, plus de mots, plus de définitions, plus d'interprétation du tout, de qui ou de quoi que ce soit.

C'est ce qui Est derrière et dedans tout ce qui est. Lorsque vous touchez ne serait-ce qu'à une infime partie de cette conscience de l'Amour, alors vous comprenez immédiatement que tout est à sa parfaite place et qu'il est impossible de juger ou rejeter quoi que ce soit.

À cet endroit dans la conscience, vous pouvez Voir le mental/ego se présenter. Il peut continuer à fonctionner selon sa construction, selon les liens énergétiques qui le constituent, mais le Vous derrière tout cela étant votre nouveau point de vue, le jeu ne fonctionne plus de la même manière. Le mental/ego est Vu depuis le Soi, il n'est plus celui qui dirige le jeu.

Le point de départ est la Paix, la clé de la libération est l'Amour.

Nous pouvons donc facilement entendre qu'il est impossible de se libérer de quelque chose en le rejetant, en le haïssant, en le jugeant… Même si depuis notre point de vue du mental limité nous avons du mal à comprendre que certaines situations puissent se produire en étant justes, nous pouvons saisir que nous ne voyons qu'une infime partie du jeu et que sur cette boule de Tous les Possibles, même si nous ne le voyons pas, tout ramène au final à l'Amour.

Il n'y a que Soi avec Soi et pour Soi, Tous les Possibles sont exprimés, mais ils ramènent tous sans exception à l'Amour. Tout est respiration. L'expir de la « Source Une » traduit Tous les Possibles sans exception dans une explosion de Joie, puis l'inspir ramène cette expression à cette Source Une qui n'est qu'Amour.

Nous sommes à cet endroit dans l'expérience où nous nous remettons « à l'endroit » pour revenir à la Source Une. Tout se replace petit à petit dans la direction de l'Amour pour revenir dans son alignement ; c'est cette invitation qui s'exprime dans l'expérience. Le jugement, la haine, la peur nous maintiennent dans l'expir, dans l'ancien fonctionnement, cela va à l'encontre du flux énergétique de Vie qui nous encourage dans cet espace-temps à nous réaligner avec l'Amour inconditionnel, le non-jugement, l'abandon, la Paix, la bienveillance, la Joie…

Nous finirons toutes et tous par lâcher cet ancien fonctionnement qui empêche encore le basculement total vers le nouveau, ou plutôt vers le fonctionnement *originel*. C'est là où nous en sommes dans l'expérience, sur ce point de vue de Tous les Possibles, et nous sommes emportés par le Flux de Vie de cet endroit de l'expérience.

Si vous lisez ce livre, si vous avez ressenti cet appel à le lire, c'est très certainement parce que vous êtes en train de basculer et que vous avez besoin pour cela de laisser émerger certaines clés de la Conscience Une pour faciliter ce basculement.

Soyez heureux et excités de faire ce voyage sur la boule de Tous les Possibles, que l'instant soit souffrant ou pas, joyeux ou pas, Voyez depuis le Soi derrière le mental, retrouvez cette foi absolue dans Qui Vous Êtes vraiment et sortez de la prison illusoire du mental sans le rejeter. Revenez dans le Flux de la Vie, laissez-vous embarquer en confiance par ce flux, arrêtez de ramer à l'envers.

Soyez en Paix avec l'étape où vous êtes pour lâcher les liens du mental qui maintiennent la situation, Aimez l'endroit où vous êtes de manière inconditionnelle en ayant foi en Qui Vous Êtes pour revenir dans le Flux et ne plus alimenter ces liens que vous venez de lâcher par la Paix.

Le point de départ est la Paix, la clé de la libération est l'Amour.

Je vous rassure tout de suite, cette vision allant à l'encontre de la construction de l'ancien monde dirigé par le mental/ego, vous n'allez certainement pas être d'accord à cent pour cent avec tout cela ; vous allez peut-être réagir et contester, ou plutôt votre mental/ego qui n'est qu'une petite partie de Vous va réagir. C'est normal, soyez en Paix avec cela aussi, Aimez cela aussi, laissez simplement infuser cette nouvelle vision, ouvrez-lui la porte et laissez faire sans rien attendre de particulier.

Encore une fois, j'aimerais vous demander de ne pas vous prendre la tête, le tableau n'est pas terminé, le puzzle n'est pas complet, le livre et les pratiques qui vont avec ne sont pas entièrement présentés au soi. Il est fort possible que les prises de conscience ne viennent qu'à la toute fin de la lecture voire quelque temps plus tard. Il suffit parfois d'une seule phrase, d'un seul mot pour déclencher quelque chose qui change complètement le point de vue et modifie l'expérience de manière profonde.

Faites-vous confiance, si vous êtes ici c'est qu'il y a une raison et le cadeau n'est jamais très loin si on se permet de l'accueillir.

Mais continuons, dans la bienveillance vis-à-vis de soi, sans pression ni enjeu, juste dans l'amusement de la redécouverte du Soi dans l'expérience de l'oubli que nous avons goûté.

La Paix avec Tout ce qui Est permet la détente des liens énergétiques, l'Amour de Tout ce qui Est permet l'élévation de la conscience au-delà du personnage constitué par ces mêmes liens. C'est cette élévation de conscience qui va permettre de Voir depuis le Soi et non plus avec le soi. Lorsque cela s'installe dans l'expérience, vous fonctionnez à nouveau en alignement avec le flux de la Vie et toute l'expérience devient fluide et magique.

Au début bien sûr, le personnage, le mental/ego, va ressurgir, réagir à nouveau selon son fonctionnement habituel, mais immédiatement il sera Vu par le Soi, en cet instant vous serez invité à respirer, à prendre le temps d'accueillir le personnage, à lui offrir Paix et Amour pour que petit à petit ces liens qui maintiennent les réactions de l'habitude deviennent moins forts et permettent ainsi à ce nouveau fonctionnement de prendre le dessus.

Surtout, ne vous blâmez pas lorsque cela arrive, c'est absolument OK. Prenez-le plutôt avec le sourire, dans la conscience que ces liens sont en train de se détendre et perdre de leur force. Remerciez-les, aimez-les, c'est ce qui permettra la libération.

Plus vous allez lâcher les liens, plus vous allez Aimer sans juger, plus vous allez vous élever et Voir depuis le Soi, plus la Magie va apparaître. Cette nouvelle vision plus élevée, ce retournement de la conscience avec le vécu depuis le point de Vue du Soi au lieu du soi change toute l'expérience. Les liens qui nous maintenaient dans des situations compliquées étant relâchés, la vision étant plus large et plus élevée, nous sommes libres de choisir parmi les possibles existants et tout devient fluide et magique.

Ce que la vision limitée du petit soi bloqué par les liens croyait impossible devient possible, la Vision plus large du Soi se laissant porter en confiance par le Flux de la Vie découvre les autres possibles et s'y abandonne pour les goûter. C'est tout l'Univers qui est alors en symbiose parfaite avec l'expérience, et tout se met en place comme par magie pour que le vécu corresponde à cette nouvelle vibration de Paix et d'Amour que l'on a installée dans son Être, ou plutôt laissée émerger de son Être.

En fait, si l'on revient au point de vue proposé, il n'y a rien de plus naturel, Je Suis Tout ce qui Est, un point de vue de ce grand Tout. Il n'y a que Soi avec Soi et pour Soi, aussi, lorsque je m'Aime, lorsque je suis bienveillant avec moi, lorsque je suis en Paix et que je m'Aime totalement, c'est ce que je vibre et ne fais que m'envoyer des expériences qui me maintiennent ou m'apportent encore plus de ce choix vibratoire.

En réalité, je ne m'envoie rien, je me déplace juste vers cette expression de Moi qui goûte déjà cela. N'oubliez pas l'histoire du dessin animé : je ne fais en fait que choisir, avec ma vibration du moment, la prochaine image, le prochain état vibratoire et son dessin, l'expérience qui lui correspond.

C'est le déplacement de la conscience qui nous donne l'illusion de l'espace et du temps, il nous semble ainsi que l'on attire les choses, les expériences. Or, on ne fait que choisir parmi Tous les Possibles qui sont déjà tous déjà exprimés. Comme pour le dessin animé, les images sont toutes exprimées, c'est le défilement de l'une à l'autre qui donne l'illusion du mouvement.

Les liens qui constituent le personnage nous maintenaient dans une certaine direction vibratoire ; lorsque l'on s'est donné l'autorisation d'être en Paix avec l'expérience vécue, avec l'image du dessin animé, du « là où nous sommes » en cet instant, nous avons détendu les liens énergétiques pour permettre et faciliter le déplacement vers un nouveau point de Vue, une autre direction vibratoire.

Lorsque nous avons choisi l'Amour plutôt que le jugement, la peur, etc., Nous avons permis l'élévation de ce point de Vue. Plus nous nous élevons, plus notre Vision se rapproche de Qui Nous Sommes vraiment et plus l'Amour nous envahit. La Vision sur l'expérience change, la vibration change, tendant vers la Paix et l'Amour, et donc l'expérience change pour s'aligner sur la Paix et l'Amour.

Nous sommes enfin revenus dans un fonctionnement naturel du Soi vers le soi, de l'intérieur vers l'extérieur et pas l'inverse.

Ceci n'est qu'une première étape de la compréhension qui permet de passer de l'expérience subie à la libération. Nous verrons plus loin, lorsque cette nouvelle conscience sera vécue dans l'expérience, que tout est encore plus simple, plus puissant, mais laissons-nous glisser avec Joie et sans rien attendre.

Comme je le rappelle, ce livre amène différents points de vue, nous invite à jouer, à nous déplacer d'un point de vue à l'autre, et cela en installant cette base indispensable du :

Tous les points de vue sont uniques et justes.

Le fait même de passer de l'un à l'autre, de se laisser bouger sans que le mental/ego reprenne la main ou surréagisse fait partie du processus. Alors vous êtes invités à vous laisser aller, à vous abandonner sans croire ni juger, à observer, goûter la vibration de ce qui est proposé en toute simplicité.

C'est cette Vision simple, non jugeante, Aimante, de tous les possibles que Nous Sommes qui va permettre l'émergence du Soi le plus élevé, qui va permettre l'élévation de conscience et du point de Vue qui va avec. C'est uniquement en se laissant aller à cela que le reste pourra venir, de manière naturelle, alors que plus rien ne sera cherché.

Le point de départ est la Paix, la clé de la libération est l'Amour.

Lorsque j'ai commencé à proposer les premières Séances de Libération avec les Êtres de lumière, je me souviens que ces trois mots sont immédiatement apparus :

La Paix, l'Amour, la Joie.

Je me souviens aussi qu'à l'époque, n'étant pas dans cette compréhension et la découvrant en même temps que je le faisais, lors de cette première Séance, j'avais répété ces trois mots mais en les inversant. De suite une rectification s'est présentée pour que l'ordre soit bien respecté. Plus tard, j'ai saisi l'importance de cet ordre :

La Paix, l'Amour, la Joie.

La Paix avec ce qui Est, l'Amour de ce qui Est, la Joie de goûter ce qui Est.

La Paix avec ce qui Est « lâche » les liens de la construction du personnage, du mental/ego. Comme je suis en Paix et libéré de tout lien, je peux me laisser envahir par l'Amour véritable, Aimer ce qui Est de manière inconditionnelle et ainsi élever mon point de Vue. Je peux alors ressentir cette Joie sans raison, cette Joie pure de l'Être qui Est Tout ce qui Est.

Si je ne suis pas en Paix, je ne peux en aucun cas ressentir l'Amour véritable et je m'éloigne de la Joie de l'Être. C'est bien la Paix d'abord qui permet à l'Amour d'émerger. La Joie vient de manière naturelle ensuite, car il n'y a plus rien qui puisse empêcher de ressentir sa vibration.

Ces Séances de Libération avec les Êtres de lumière permettent de toucher à cet état d'Être, à faciliter l'installation dans la vie de tous les jours de cette base simple et puissante, aussi continué-je à en organiser régulièrement pour ceux qui le souhaitent.

Ces Séances sont offertes avec le livre comme les pratiques guidées et les autres propositions que vous retrouverez dans votre espace membre. Tout est offert avec le livre pour que chacune et chacun puisse y accéder. Profitez-en :-)

Le point de départ est la Paix, la clé de la libération est l'Amour, laissons cela émerger avec la pratique guidée suivante à faire et à refaire autant de fois que vous le sentirez bon pour vous.

Pratique : Ressenti de l'Amour inconditionnel pour Tout ce qui Est (méditation guidée disponible en audio dans l'espace membre) :

Installez-vous confortablement et respirez en conscience. Faites le vide et laissez-vous aller…

Ressentez votre connexion avec la Terre Mère, ressentez sa compassion, son Amour inconditionnel pour vous… Ressentez cette belle énergie monter et s'installer en vous, au centre du Cœur…

Ressentez votre connexion avec le Père Ciel, ressentez sa puissance d'Amour, sa Lumière et sa bienveillance pour vous... Ressentez cette belle énergie descendre et s'installer en vous, au centre du Cœur...

Ressentez les deux énergies s'enlacer et fusionner en vous au centre de votre Cœur...

Abandonnez-vous de plus en plus profondément à la Présence Je Suis, laissez-vous glisser... Lâchez tout ce qui se présente, ne vous attachez pas au mental ; s'il souhaite continuer à bavarder, laissez-le faire, dites-lui simplement que vous l'aimez, ressentez de l'Amour et de la compassion pour lui, puis invitez-le simplement à se détendre s'il le souhaite.

Voyez le personnage depuis le Soi, sans juger, sans vouloir modifier quoi que ce soit. Voyez-le et Aimez-le.

Ressentez l'Amour pur et sans condition pour le personnage, offrez-vous cet Amour du Soi au soi.

Respirez, ressentez...
Respirez, ressentez...
Respirez, ressentez...

Ressentez que vous Êtes à la fois le Soi et le personnage, ressentez et bougez votre conscience de l'un à l'autre. Voyez à quel point tout cela est la même chose, que l'illusion de la séparation n'est due qu'à la cristallisation du point de conscience choisi. Voyez à quel point vous êtes absolument libre de bouger d'un point de conscience à un autre.

Respirez, ressentez...
Respirez, ressentez...
Respirez, ressentez...

Élargissez encore votre Vision et voyez la Terre, avec toute l'expérience vécue en cet instant sur cette magnifique planète. Ressentez que chaque pierre, chaque plante, chaque Être vivant sur cette planète fait partie de l'expression de votre Être, de qui Vous Êtes vraiment. Ressentez-vous comme étant présent dans chaque cellule, chaque particule de cette planète.

Respirez, ressentez…
Respirez, ressentez…
Respirez, ressentez…

Élargissez encore votre Vision et voyez la Galaxie, puis tout l'Univers, laissez-vous envahir par l'Amour, par Votre présence dans Tout ce qui Est. Vous Êtes la Source et l'expression de ce qui Est. Laissez-vous submerger par cela.

Respirez, ressentez…
Respirez, ressentez…
Respirez, ressentez…

De l'infiniment petit à l'infiniment grand, de l'ombre à la lumière, du vide au plein, il n'y a que Soi, vous Êtes un point de conscience de cette Source Une et vous pouvez bouger, admirer toutes les autres parties de Vous qui s'imbriquent parfaitement pour former ce Tout.

La perfection de cet ensemble permet l'expérience de Tous les Possibles, cette expression unique issue de cette explosion de la Joie Créatrice, issue du Soi.

Respirez, ressentez…
Respirez, ressentez…
Respirez, ressentez…

Depuis le point de vue le plus limité du petit soi jusqu'au point de vue illimité de la Source Une que Je Suis, tout est là, à sa juste place, au service de l'Amour, que le point de Vue utilisé permette de le voir ou pas ne change rien, et je peux ressentir au fond de Moi cette Vérité qui émerge en même temps que l'Amour infini que Je Suis prend de plus en plus de place.

Je Suis à la fois la Source de l'expérience créée depuis l'Amour, et l'incompréhension du petit soi qui goûte la vibration illusoire du non-Amour, de la peur, de la colère…

Respirez, ressentez…
Respirez, ressentez…
Respirez, ressentez…

Je reviens alors à cette Présence dans le silence, dans la Paix, l'Amour et la Joie, je ressens simplement cette Source d'Amour Pur que Je Suis au-delà de Tout ce qui Est exprimé et vécu.

Je m'abandonne à cette Source d'Amour, à son ressenti, et la ramène dans l'expérience ; tout fusionne dans l'Amour sans que rien ne soit rejeté ni jugé.

Respirez, ressentez…
Respirez, ressentez…
Respirez, ressentez…

L'Amour que Je Suis rayonne, c'est ce que Je Suis et c'est au-delà du ressenti de l'interprétation, c'est juste là, Je Suis Cela, Je Suis l'Amour.

Respirez, ressentez…
Respirez, ressentez…
Respirez, ressentez…

Fin de la méditation guidée.

Vous êtes invité à revenir à cette pratique aussi souvent que possible, aussi souvent que vous le sentirez bon pour vous dans les jours et semaines à venir. C'est par votre pratique que la conscience change, que la vibration change et même si vous ne le voyez pas tout de suite, cela va réorganiser votre Univers, votre vécu, vos interactions avec les « autres ».

Si vous ne ressentez rien pendant les exercices, ne vous sentez pas frustré, accueillez simplement cet état de fait dans l'instant. Soyez en Paix avec cela et tournez-vous vers la Joie, vibrez cette Joie simplement en ayant confiance dans la Vie que Vous Êtes.

N'oubliez pas que ce livre n'est pas juste un livre, il est associé à une vibration particulière qui va vous accompagner, que vous en soyez conscient ou non.

Vous avez accès gratuitement à des vecteurs audio, des vidéos, des Séances sur Internet, des stages/partages… Tout ce qui est associé au livre vous est offert. Ce livre est un support, une base qui donne accès au reste, et je me ferai un plaisir de vous accompagner au-delà de cet ouvrage pour que ce ne soit pas juste « un livre de plus » dans votre bibliothèque. Exploitez tout et impliquez-vous !

Pour profiter de tout ce qui vient avec ce manuel, rendez-vous sur ce lien privé qui vous expliquera comment accéder à l'espace membre qui contient les autres liens et programmes d'accompagnement…

Allez voir ici pour profiter de tout ce qui accompagne le livre :

https://stephane-colle.com/livre

6 L'ABANDON À LA JOIE DE L'ÊTRE

Le point de départ est la Paix, la clé de la Libération est l'Amour pour laisser émerger la pure Joie de l'Être.

Plus on lâche l'histoire, le personnage, le mental/ego, plus la Paix s'installe, plus l'Amour se vit dans l'expérience et plus la Joie s'invite, émerge de manière naturelle. Ce n'est pas une simple joie « humaine » qui dépend de quelque chose, il s'agit ici de la Joie pure et sans raison extérieure.

Cette Joie est difficile à décrire avec des mots car, comme pour la Paix et l'Amour véritable, il s'agit de définir l'indéfinissable, ce qui se trouve derrière et dedans Tout ce qui Est.

Chaque définition proposée sera toujours une interprétation qui ne pourra jamais exprimer véritablement ce que c'est, mais peu importe, nous pouvons toutes et tous, chacune et chacun à son rythme, « toucher » à ce ressenti, à cet état d'Être qui Est le véritable Nous.

Là encore, ce n'est pas quelque chose à chercher, à trouver, à atteindre… Il s'agit de s'y abandonner, de laisser cette Joie émerger. Cela se produit de manière naturelle lorsque l'on retrouve la conscience de ce « Qui Je Suis », lorsque la Paix avec Tout ce qui Est, l'Amour de Tout ce qui Est, et, donc, de Qui Je Suis dans sa totalité, redevient notre point de Vue de la conscience vécue en cet instant.

Cette Joie, lorsqu'elle est ressentie, lorsqu'elle Est simplement installée dans notre vie de tous les jours, permet l'initiation de l'élan du Cœur vers l'expérience. Tout devient simple et magique, tout coule de Source car il n'y a plus de freins, plus de détours créés par le mental/ego. C'est l'expression pure et joyeuse de Qui Je Suis dans la matière, dans l'expérience.

En effet, ce qui empêche de vivre la magie, de Vivre avec un grand V, ce sont les déviations provoquées par les peurs, les « volontés » du personnage. Or, lorsque l'on atteint cet état d'Être, ou plutôt lorsque cet état naturel émerge à nouveau, il n'y a plus de jugement possible, le personnage s'efface dans un abandon total à l'Être. Comme l'Être Est Tout ce qui Est, l'expérience n'est plus séparée de ce Je Suis et c'est Tout l'Univers qui joue avec lui-même dans une symbiose parfaite.

C'est alors que la magie s'invite partout dans l'expérience, tout devient simple et puissant ; le personnage s'efface, mais reste présent pour goûter à ce qui devient la pure expression du Soi à travers le soi.

Plus cela s'installe, plus le personnage prend confiance et lâche le contrôle, plus le Soi prend la place abandonnée par le petit soi et ainsi de suite. Cela permet l'émergence de plus en plus puissante de cette indicible Joie qui est simplement la Vérité de Qui Je Suis.

C'est ainsi que le cercle vertueux s'installe et, à un certain moment, lorsque l'élévation Vibratoire, l'élévation de la conscience sera suffisante, une fois le point de basculement atteint, plus rien ne pourra ébranler cet état d'Être.

Des « choses » pourront continuer à se présenter dans l'expérience, des résidus de liens énergétiques avec des croyances, des mémoires… Mais en cet instant ils seront Vus et Aimés en toute sincérité, ce qui permettra une plus grande élévation vers un état encore plus proche de l'Être véritable.

Chaque résurgence d'une peur, d'un ancien lien énergétique, deviendra par la suite le plus beau des cadeaux en direction de cette élévation non voulue, mais vécue. La « volonté » ici n'a plus de place car la conscience installée de Qui Je Suis ne peut permettre une « volonté » qui serait encore dans la croyance de séparation entre le Soi et le soi.

Cela ne veut pas dire que le fait de ne rien « vouloir » ne permet pas à l'Être ces élans vers quelque chose, vers le « faire ». Au contraire, c'est depuis cet état d'Être que les actions deviennent des Actions avec un grand A. Tout ce qui sera entrepris depuis cet état engendrera l'Action juste et simple qui ne pourra être séparée du résultat.

L'attente d'une solution, la volonté de changer quelque chose ne sera alors plus ressentie, et l'abandon total à Qui Je Suis, à la Joie absolue, sera simplement accompagné dans les faits par l'Univers que Je Suis.

C'est quelque chose que vous avez certainement déjà touché, goûté à un moment ou un autre de votre vie, lorsque l'acte est tellement évident qu'il n'est absolument pas réfléchi et que tout s'emboîte parfaitement vers un résultat qui n'a fait aucun doute à aucun moment du processus de manifestation.

Il n'y a pas de plan, pas de « et si », pas de « comment » pas de questionnement ni doute. Tout est simple et puissant, tout se met en place naturellement car c'est l'Action pure depuis le Soi et non une volonté du personnage qui n'est pas en Paix avec là où il est, qui regrette là où il a été ou qui a peur de là où il va.

Cette Joie naturelle invite au partage, elle ne cherche rien d'autre que l'expression d'elle-même. Il n'y a pas d'objectif particulier, pas d'attente, pas de volonté de modifier, pas d'enjeu… Il n'y a rien d'autre que cette pure Joie qui se goûte et s'exprime en même temps.

C'est la Joie pour la Joie.

Pouvez-vous ressentir cette idée, pouvez-vous ressentir cet état d'Être qui ne cherche rien, mais qui agit selon l'élan du Cœur sans que l'interprétation du personnage vienne en perturber les actions ?

En cet instant, dans cet abandon total du mental/ego, l'Action Joyeuse est pure efficacité, car non séparée du Soi qui Est Tout ce qui Est. C'est le déplacement de la Conscience Une sans filtre, c'est la Source Une qui joue avec elle-même sans autre but que l'expression Joyeuse de Tous les Possibles.

Le point de départ est la Paix, la clé de la Libération est l'Amour pour laisser émerger la pure Joie de l'Être.

Ici encore tout n'est que point de Vue unique et juste. On peut être dans un point de vue de l'ego qui juge, interprète de manière limitée selon ses croyances, ses mémoires, son éducation, etc. À cet endroit, la pure Joie ne peut être vécue, car elle sera toujours déviée par ces filtres limités qui empêchent de Voir et ressentir la Vérité de l'Être derrière le jeu de l'illusion du vécu.

Cependant ce point de vue limité est unique et juste, il fait partie de Tous les Possibles et on peut lui offrir Paix, Amour et Joie.

On peut être dans un point de vue plus élevé, commencer à comprendre mentalement la limitation, accepter l'idée d'autres possibles et points de vue, commencer à s'ouvrir sans en ressentir véritablement l'essence. Là encore, la Joie pure de l'Être ne pourra être ressentie complètement, elle pourra s'inviter de temps à autre, mais ne sera certainement pas installée de manière stable dans l'expérience.

Cependant, ce point de vue plus élevé, mais encore limité est unique et juste, il fait partie de Tous les Possibles et on peut lui offrir Paix, Amour et Joie.

On peut être dans un point de vue plus élevé encore en étant totalement en Paix avec ce qui est vécu dans l'expérience, ressentir l'Amour pour tout ce qui est et laisser émerger ainsi la Joie pure qui ne dépend en rien de l'extérieur. C'est l'extase, sans que cela dépende de l'expérience vécue – la Paix, l'Amour et la Joie en toute simplicité.

Ce point de vue est lui aussi unique et juste, il fait partie de Tous les Possibles et on peut simplement le laisser prendre la place. Cependant, on peut saisir qu'il n'est ni mieux ni moins bien, il n'est pas plus « juste » que les autres, il est simplement différent et fait partie de Tous les Possibles au même titre que les autres.

Entre ces trois exemples, il existe une infinité de points de Vue ; le vôtre se trouve quelque part, sachez simplement que Tous ces Possibles, le vôtre y compris, sont uniques et justes. Si vous souhaitez expérimenter autre chose que ce que vous vivez actuellement, il faudra simplement changer de point de Vue.

Vous ne pouvez pas voir autre chose si votre point de Vue ne change pas. C'est aussi simple et puissant que cela.

Il est évident que si vous regardez toujours au même endroit, vous ne pourrez pas voir autre chose que ce que vous voyez. De la même manière, si vous gardez le même point de vue sur votre expérience, même s'il est unique et juste de là où vous vous trouvez, si vous ne le changez pas, rien ne changera.

Tout commence à bouger lorsque vous bougez. L'expérience change lorsque vous changez votre regard sur celle-ci. La vibration de votre expérience change lorsque vous changez votre vibration.

Albert Einstein disait ceci :

« La folie, c'est se comporter de la même manière et s'attendre à un résultat différent. »

C'est tellement simple, tellement puissant, qu'on a réussi à se faire croire que c'était compliqué. La Vie est toujours simple, il n'y a que la construction, le mental/ego, le personnage qui puisse croire l'inverse et compliquer les choses.

Là encore, si l'on revient à Qui Je Suis vraiment, si l'on choisit d'Être en Paix avec ce qui Est, de se laisser traverser par l'Amour et de s'abandonner à la Joie, il deviendra évident que les choses sont simples.

Si on peut concevoir ceci et même si, pour le moment, l'application dans sa vie de tous les jours n'est pas encore installée, on est sur le chemin vibratoire qui va permettre, petit à petit ou rapidement selon les personnes, de revenir à cette simple vérité, à cette puissante simplicité de l'Être.

Encore une fois, l'invitation ici n'est pas à « chercher », à « vouloir » ou encore à se flageller si l'on arrive pas encore à vivre cet état d'Être dans son quotidien. Si le mental reprend le dessus en voulant être ailleurs que là où il est, alors nous pourrons revenir aux bases qui sont dans cet ordre :

1 : Qui Je Suis vraiment

2 : La Paix avec Tout ce qui Est

3 : L'Amour de Tout ce qui Est

4 : L'abandon à l'émergence de la Joie sans raison

Mais nous allons y revenir plus en détail dans le prochain chapitre et voir ensemble comment procéder efficacement dans le concret. Avant, nous allons comme d'habitude laisser cela émerger avec cette pratique guidée à faire et à refaire autant de fois que vous le sentirez bon pour vous.

Pratique : Ressenti de la pure Joie de l'Être (méditation guidée disponible en audio dans l'espace membre) :

Installez-vous confortablement et respirez en conscience. Faites le vide et laissez-vous aller…

Ressentez votre connexion avec la Terre Mère, ressentez sa compassion, son Amour inconditionnel pour vous… Ressentez cette belle énergie monter et s'installer en vous, au centre du Cœur…

Ressentez votre connexion avec le Père Ciel, ressentez sa puissance d'Amour, sa Lumière et sa bienveillance pour vous… Ressentez cette belle énergie descendre et s'installer en vous, au centre du Cœur…

Ressentez les deux énergies s'enlacer et fusionner en vous au centre de votre Cœur…

Abandonnez-vous de plus en plus profondément à la Présence Je Suis, laissez-vous glisser… Lâchez tout ce qui se présente, ne vous attachez pas au mental ; s'il souhaite continuer à bavarder, laissez-le faire, dites-lui simplement que vous l'aimez, ressentez de l'Amour et de la compassion pour lui, puis invitez-le simplement à se détendre s'il le souhaite.

Ressentez la Présence s'imposer d'elle-même, ressentez l'Unité avec Tout ce qui Est, ressentez votre présence dans Tout. Vous Êtes Tout ce qui Est. Ressentez aussi votre présence dans le voile de l'illusion de la séparation, vous êtes aussi cela, pour vous permettre de goûter à cette séparation impossible.

Vous Êtes Tout et Tout Est Vous.

Respirez, ressentez…
Respirez, ressentez…
Respirez, ressentez…

Laissez émerger la Paix de l'Être, cette Paix qui Est l'état naturel de l'Être. Vous savez que c'est ce que Vous Êtes depuis toujours. Vous Êtes la Paix qui s'est caché la vérité pour goûter la non-paix. Ressentez cet état de fait, ressentez l'émergence de cette Paix que Vous Êtes et qui ne dépend de rien.

Vous Êtes la Paix qui ne dépend de rien, c'est ce que Vous Êtes au-delà de l'illusion de la séparation.

Vous Êtes la Paix.

Respirez, ressentez…
Respirez, ressentez…
Respirez, ressentez…

Depuis ce retour à Soi, à Qui Vous Êtes vraiment, à l'Unité, depuis cet état de Paix absolue, ressentez l'Amour, l'Amour pur et inconditionnel pour Tout ce Qui Est et qui Est Vous.

Ressentez l'Amour pour ce Tout que Vous Êtes.

Vous Êtes l'Amour qui ne dépend de rien ni de personne, Vous Êtes l'Amour simple et puissant. C'est ce que Vous Êtes.

Cette illusion de la séparation est elle aussi un acte d'Amour pur et vous pouvez maintenant ressentir à quel point elle est un cadeau que Vous vous êtes offert.

Vous Êtes l'Amour pur, Vous Êtes l'Amour.

Respirez, ressentez…
Respirez, ressentez…
Respirez, ressentez…

Vous vous rapprochez de plus en plus de la Source que vous Êtes, la vibration de cette Source émerge de l'illusion, c'est alors que cette indicible Joie, cette Joie sans raison, cette pure Joie de l'Être prend la place.

C'est un sentiment indescriptible, une vibration puissante de Joie. Ça monte en Vous sans que vous puissiez le maîtriser. C'est la pure Joie de l'Être, du Grand Tout que Vous Êtes.

Respirez, ressentez…
Respirez, ressentez…
Respirez, ressentez…

Vous Êtes Tout ce Qui Est.
Vous Êtes la Paix.
Vous Êtes l'Amour.
Vous Êtes la Joie.

Respirez, ressentez…
Respirez, ressentez…
Respirez, ressentez…

Vous Êtes Tout ce Qui Est.
Vous Êtes la Paix.
Vous Êtes l'Amour.
Vous Êtes la Joie.

Respirez, ressentez…
Respirez, ressentez…
Respirez, ressentez…

Vous Êtes Tout ce Qui Est.
Vous Êtes la Paix.
Vous Êtes l'Amour.
Vous Êtes la Joie.

Respirez, ressentez…
Respirez, ressentez…
Respirez, ressentez…

Fin de la méditation guidée.

Vous êtes invité à revenir à cette pratique aussi souvent que possible, aussi souvent que vous le sentirez bon pour vous dans les jours et semaines à venir. C'est par votre pratique que la conscience change, que la vibration change et même si vous ne le voyez pas tout de suite, cela va réorganiser votre Univers, votre vécu, vos interactions avec les « autres ».

Si vous ne ressentez rien pendant les exercices, ne vous sentez pas frustré, accueillez simplement cet état de fait dans l'instant. Soyez en Paix avec cela et tournez-vous vers la Joie, vibrez cette Joie simplement en ayant confiance dans la Vie que Vous Êtes.

N'oubliez pas que ce livre n'est pas juste un livre, il est associé à une vibration particulière qui va vous accompagner, que vous en soyez conscient ou non.

Vous avez accès gratuitement à des vecteurs audio, des vidéos, des Séances sur Internet, des stages/partages… Tout ce qui est associé au livre vous est offert. Ce livre est un support, une base qui donne accès au reste, et je me ferai un plaisir de vous accompagner au-delà de cet ouvrage pour que ce ne soit pas juste « un livre de plus » dans votre bibliothèque. Exploitez tout et impliquez-vous !

Pour profiter de tout ce qui vient avec ce manuel, rendez-vous sur ce lien privé qui vous expliquera comment accéder à l'espace membre qui contient les autres liens et programmes d'accompagnement…

Allez voir ici pour profiter de tout ce qui accompagne le livre :

https://stephane-colle.com/livre

7 VIVRE LA MAGIE DE LA VIE

Avant de commencer ce chapitre, j'aimerais encourager celles et ceux qui auraient eu l'idée de venir directement ici sans lire la totalité de ce qui précède à revenir en arrière :-)

Même si vous pensez tout savoir de ce qui y est partagé avant dans ce livre, et c'est peut-être le cas, prenez ce temps, lisez en conscience, faites les différentes pratiques proposées, offrez-vous cela et laissez-vous pénétrer par l'énergie qui va vous accompagner sans rien attendre, sans autre intention que de vous laisser aller en confiance.

Il n'y a pas d'urgence, prenez le temps, pratiquez, revenez en arrière… Le point de bascule arrivera quand il arrivera, n'y mettez pas de pression ou d'attente.

Savoir avec le mental ne sert pas à grand-chose si ce n'est pas vécu dans l'expérience, alors s'il vous plaît, faites les choses dans l'ordre, faites-vous ce cadeau.

Maintenant que cette invitation est faite, allons-y !

Tout d'abord, et avant que le découragement ne s'invite chez certaines ou certains, il est normal qu'au début cela demande une certaine implication et de changer de point de Vue dans la matrice Terrestre actuelle, même si elle perd de sa force et s'ouvre à une autre réalité, est parfois lourd selon la phase de développement où l'on est dans sa propre matrice de fonctionnement.

Cependant, l'invitation ici est à initier le mouvement, s'ouvrir à d'autres possibles qui soient « acceptables » selon où l'on en est dans son système de croyances actuel.

Alors, même si faire de grands sauts en avant reste possible, il est préférable et plus efficace d'y aller de manière progressive. En effet, si vous vous imposez depuis la volonté du personnage de nouvelles croyances qui sont vibratoirement trop éloignées de là où vous êtes en cet instant, il y a de fortes chances que cela ne fonctionne pas et vous apporte plus de doutes et de déceptions qu'autre chose.

Commencez simplement par modifier votre point de vue sur de petites choses que vous êtes prêt à croire, voyez comment cela fonctionne, soyez présent à vous-même et observez la magie se mettre en place dans l'expérience en réponse à votre mouvement.

Ensuite, prenez confiance et passez à quelque chose de plus grand, de plus éloigné de vos anciennes croyances, et ainsi de suite, jusqu'à ce que la Foi en Qui Vous Êtes vraiment prenne la place, grandisse, prenne plus de force et vous permette de laisser émerger cette pure Joie de l'Être, quoi qui se joue à l'extérieur.

C'est alors seulement que le basculement de la conscience se produit, et pas avant. C'est alors que les nouvelles croyances pourront elles aussi être abandonnées pour laisser place à la simple vérité de la Présence derrière tout ce qui Est, qui ne peut s'expliquer, s'interpréter.

N'oubliez pas de jouer le jeu, mais sans y mettre d'*enjeu*. La vibration de l'attente, de l'importance, de la croyance qu'il faille absolument « réussir », offrira l'inverse de ce qui est souhaité, de ce qui est attendu.

Dès que vous commencez à vous laisser aller au doute, à vous laisser emporter par la « volonté » du mental qui, finalement, exprime le fait qu'il n'est pas en paix avec ce qui Est, vous ne faites que vibrer la séparation avec ce qui est souhaité, et ce sera alors votre vœu vibratoire, et il sera absolument exaucé !

En doutant, en vibrant ce doute, vous ne faites que Vous renier. En effet, si vous revenez à Qui Vous Êtes vraiment – et vous êtes invité à le faire régulièrement – vous comprendrez immédiatement que ce doute est un déni du « Qui Je Suis ».

Bien sûr, les croyances étant installées depuis « fort longtemps », il n'est pas aisé de passer du déni au ressenti de cette puissance d'Amour que Nous Sommes toutes et tous. Cela va se mettre en place petit à petit si vous vous le permettez, car il s'agit bien ici avant tout d'une *permission* que l'on se donne.

Cela se mettra en place si vous vous aimez suffisamment pour vous le permettre. Aimez-vous, c'est la clé.

Comprenez bien que tout cela part des ressentis. C'est la vibration, le ressenti qui compte, et pas l'interprétation du mental. Chaque fois que vous vous sentez mal, que vous vibrez ce ressenti de mal-être, c'est le signe que vous reniez qui Vous Êtes vraiment. Ce ressenti est le signe d'une dissonance vibratoire entre la Paix, l'Amour et la Joie que vous Êtes et l'interprétation limitée de l'expérience par le mental/ego.

Je me permets de le redire, il ne s'agit pas de juger cela ; l'invitation est de simplement en prendre conscience, mentalement peut-être dans un premier temps, puis, petit à petit, de le laisser devenir une vérité, la simple et puissante émergence du Qui Je Suis vraiment dans le vécu ici et maintenant.

La première invitation est à vraiment saisir, ressentir que l'expérience que je vis ou que je crois vivre n'est qu'un point de vue, une interprétation unique et incomplète de l'expérience qui ne peut en aucun cas être la Vérité absolue, et à ce titre je suis incité à me repositionner, non pas dans la croyance que j'ai raison et qu'il n'y a aucune autre manière de voir ce qui est vécu, mais bien par rapport au fait indéniable que différentes interprétations peuvent en être faites.

Cela peut paraître simple et simpliste, mais vous allez certainement vous rendre compte que cela n'est pas aussi facile à appliquer dans sa vie de tous les jours, et que le simple fait de remettre en cause ce qui était jusqu'alors intégré comme étant l'unique vérité va se révéler d'une puissance transformatrice de l'expérience assez incroyable.

En effet, si l'on revient au point de Vue proposé dans ce livre, c'est ma vibration qui fait que je me positionne à un certain endroit sur la boule de Tous les Possibles et qui me donne le point de Vue qui y correspond. Ce n'est pas une expérience aléatoire qui me serait imposée par le hasard, par mon histoire, par les autres…

Je ne subis jamais rien, je peux avoir cette impression de subir depuis l'interprétation du petit soi et cela peut être ainsi un point de vue vécu dans l'expérience, mais, en fait, cette expérience, quoi qu'il soit constaté, est la projection de ma vibration de la séparation d'avec Qui Je Suis vraiment. C'est ce qui permet ce sentiment d'impuissance illusoire et pourtant goûté dans l'expérience.

Il n'y a que Soi avec Soi et *pour* Soi ; tout l'univers qui m'entoure ne pouvant être séparé du Soi, Je Suis la Source Une qui projette l'illusion de la séparation de et dans cet univers pour en goûter la vibration parmi Tous les Possibles.

Le petit soi n'est alors qu'un point de Vue du Soi qui s'offre la possibilité d'exprimer la vibration de l'impuissance, de la séparation… Maintenant, en ayant conscience de ceci, je peux revenir dans ma conscience limitée qui expérimente cela tout en gardant cet autre point de Vue à l'esprit.

C'est cette souplesse dans la navigation entre les points de vue, cette multidimensionnalité vécue ici et maintenant, qui va me permettre de « jouer » sans qu'il ne puisse y avoir de véritable enjeu puisque ce Qui Je Suis est inaltérable, indestructible… (n'hésitez pas à revenir encore et encore au chapitre de Qui Je Suis).

Bien sûr, l'expérience de la séparation étant créée par Soi et pour Soi, elle me permet d'expérimenter des vibrations telles que la souffrance, la maladie, la mort… Il ne s'agit pas de nier l'expérience, mais de la vivre en ayant conscience de ce qu'elle Est.

Jouer dans la conscience des différents points de vue ne veut pas dire nier là où je suis dans l'expérience, mais plutôt m'ouvrir à la multiconscience non jugeante pour permettre, au final, l'émergence de cette Vérité de Qui Je Suis dans l'expérience.

Si je change mon point de Vue, ce que je vois change.

Si je change mon point de Vue sur mon expérience, mon expérience change.

C'est aussi simple et puissant que cela si on s'ouvre au ressenti de ce que ça implique. L'invitation ici est à prendre un instant pour ressentir, en dehors de toute interprétation du mental, cette simple vérité.

Si je change mon point de Vue, ce que je vois change.
Si je change mon point de Vue sur mon expérience, mon expérience change.

Ce qui se passe lorsque nous changeons de point Vue, c'est que nous voyons obligatoirement autre chose, car cela correspond à un autre état vibratoire qui projette une autre réalité. On se déplace sur la boule de Tous les Possibles en « choisissant » ce nouvel état vibratoire, cette autre réalité qui est alignée sur la vibration qui lui correspond.

L'invitation est donc à bien saisir ces mouvements dans les réalités projetées depuis la vibration « choisie ». Mais ce n'est qu'une étape de la compréhension car, ensuite, une fois que le basculement de la conscience est effectif, une fois que l'Être prend les commandes à la place du mental/ego, tout cela disparaîtra. Cependant, cet élargissement de la conscience précède et permet l'ouverture, alors nous pouvons y jouer pendant un certain temps.

En attendant que cet état d'Être de la pure Joie sans raison émerge, on peut donc commencer par naviguer entre les différents points de vue possibles. Chaque fois que quelque chose ou quelqu'un provoque une réaction désagréable dans le ressenti, on peut revenir à :

- Qui Je Suis vraiment ?

- Quels autres points de vue sont possibles ?

- Parmi ces autres points de vue, quel est celui qui est le plus proche de l'Amour et que je suis prêt à accepter comme étant ma nouvelle vérité ?

Au début, il est conseillé de revenir au chapitre du point de Vue proposé sur Qui Je Suis pour le relire et s'en imprégner à nouveau, refaire la pratique associée autant de fois que nécessaire pour que cela modifie les croyances inconscientes qui sont les plus fortes et maintiennent les situations dans le vécu.

Encore une fois, ne vous jugez pas, faites-le comme un jeu, sourire sur le visage, en Paix avec ce qui se joue dans l'instant sachant que le meilleur est à venir. Si l'on se sent tellement mal qu'il est impossible de jouer à ce jeu, alors on accepte cela aussi, on y reviendra quand cela deviendra possible tout en s'offrant Amour et compassion.

Quand c'est trop souffrant, il est bon de lâcher, d'accueillir le fait qu'en cet instant c'est trop difficile. Pas de combat, on accueille, et on va simplement aller vers « se sentir un tout petit peu mieux ». Si ce n'est pas possible, alors on vit pleinement cette souffrance en sachant que cela n'est pas Qui Je Suis, mais une expérience projetée sur la boule de Tous les Possibles. On peut ensuite choisir alors de faire un petit pas vers le mieux, que ce soit en allant se balader dans la nature, en se mettant un sourire sur le visage, c'est toujours possible, faites-le, allez-y souriez !

Souvent, dans ces situations où les liens énergétiques limitants sont encore trop puissants pour être lâchés facilement, vous trouverez une issue vers le « se sentir mieux » en passant par le corps. Respirez, bougez, redressez-vous, souriez, caressez-vous le visage, écoutez de la musique, laissez sortir ce qui doit sortir, criez si nécessaire, mais faites quelque chose pour enclencher un changement dans votre vibration.

Vous pouvez aussi passer par l'absurde, l'autodérision, faire des grimaces devant un miroir, imiter le bruit de la poule qui chante… Faites des choses ridicules pour bouger votre vibration. Ne vous limitez pas, trouvez Vos propres trucs et utilisez-les à chaque fois que les situations souffrantes se présentent.

Plus vous avancerez vers la conscience du « Qui Je Suis vraiment », plus cela deviendra facile d'accueillir les situations souffrantes et de changer la vibration pour revenir rapidement vers le « se sentir mieux ».

C'est la pratique qui va permettre, petit à petit, de dégonfler les réactions, de Voir ce qui se présente de manière différente et ainsi de défaire les liens énergétiques qui engendrent ces réactions « habituelles ».

Plus les liens vont se dissoudre, plus le Soi prendra la place et plus ce sera facile de rester en Paix. Cette nouvelle vibration plus constante va changer la réalité projetée, nous placer à un autre endroit plus facile sur la boule de Tous les Possibles.

On pourra alors, depuis ce nouvel état d'Être dans l'expérience, aller plus loin et choisir à nouveau de « se sentir mieux » pour continuer à bouger sur la boule de Tous les Possibles et aller vers une expérience dans le vécu toujours plus agréable. La Vie nous répondra certainement avec des signes, des intuitions qu'il suffira alors de suivre sans se poser de questions.

Cela se fera de manière consciente et voulue jusqu'au moment où l'Être prendra le dessus sur le personnage, à cet endroit dans l'expérience il n'y aura plus à chercher quoi que ce soit ; le mental/ego ne sera plus à la manœuvre, et se sentir bien deviendra l'état naturel et non recherché.

Relisez ceci à haute voix :

« … à cet endroit dans l'expérience il n'y aura plus à chercher quoi que ce soit ; le mental/ego ne sera plus à la manœuvre, et se sentir bien deviendra l'état naturel et non recherché. »

Oui, se sentir bien deviendra l'état naturel et non recherché. Pesez bien chaque mot de cette simple et courte phrase.

Ce livre (et les pratiques qui y sont associées) n'est ni compliqué à saisir ni long à lire, si vous vous permettez d'y consacrer un peu de votre temps, de revenir encore et encore à la lecture des principes de base qui ne sont là que pour amener au basculement qui les rendra obsolètes. Si vous vous offrez cette implication, le reste suivra et votre expérience tout entière s'en trouvera modifiée.

Chaque lecture sera différente et apportera ses prises de conscience, car la vibration de l'instant sera différente et permettra l'accueil de nouvelles informations. Chaque fois que dans l'expérience je reviendrai à ce « Qui Je Suis », cela viendra remettre en cause et affaiblir les liens qui me maintiennent encore dans la peur, la souffrance, la colère…

Avant de continuer, voici un exemple qui peut aider à saisir l'invitation première du retour à la conscience de Qui Je Suis pour permettre le changement de point de Vue et donc la vibration et l'expérience projetée qui lui correspond.

Exemple :

« Je ne me sens pas aimé(e), mon/ma partenaire ne répond pas à mes attentes, il me semble que je l'aime plus qu'il ne m'aime… Je me sens mal, seul(e) et en manque d'amour… »

Cette souffrance peut être très intense dans l'expérience. Voyons ce qui se passe si je reviens à « Qui Je Suis ». Reprenons la définition (limitée) exprimée au début du livre :

Je Suis et Nous Sommes toutes et tous un point de conscience exprimé de la Source Une. Je ne Suis pas séparé de la Source et rien ni personne ne peut l'être car Tout Est expression de la Source Une.

Cela implique donc que tout, absolument tout ce que je crois percevoir, tout ce que je crois vivre, tout ce que je crois penser est une expression de la Source Une que Je Suis depuis toujours et pour toujours.

Il n'y a que Soi avec Soi et pour Soi
Il n'y a que Moi avec Moi et pour Moi

Si je m'élève en tendant vers ce point de vue, je comprends que je suis en train de jouer ce rôle du ressenti du manque d'Amour pour Moi, car, au final, il n'y a que Soi avec Soi et pour Soi.

« L'autre » que je projette dans mon expérience joue parfaitement son rôle pour que je puisse ressentir ce manque d'Amour qui ne peut exister autrement que dans l'illusion de la séparation.

Je saisis ainsi que mon ressenti « désagréable » de manque d'Amour ne dépend pas de « l'autre » puisqu'il n'est que Moi envoyé par Moi pour me faire goûter cette sensation. Cela ne veut pas dire que la situation ne peut pas changer, bien sûr, mais je peux commencer par constater que c'est une histoire entre Moi et Moi.

Je peux alors changer mon point de vue sur ce qui se joue, ne plus voir l'autre comme étant le « problème », mais comme une projection parfaite de Moi pour moi. De ce point de Vue unique et juste, je peux simplement saisir que le manque d'Amour de « l'autre » pour moi n'est en fait qu'un manque d'Amour de moi pour moi. Je ne m'aime pas véritablement dans cette expérience.

La solution qui s'impose alors en toute simplicité est de commencer par m'aimer d'un Amour pur et véritable et de le ressentir vraiment. Cela n'a rien à voir avec « l'autre », si je suis honnête avec moi-même je peux Voir cela, je peux m'apercevoir que ce manque d'Amour est en fait un « oubli » de commencer par m'offrir cet Amour qui semble me manquer.

Comment s'aimer ? C'est à vous de trouver ce qui vous convient et ce n'est pas le sujet ici pour l'instant, mais, simplement, vous pouvez commencer par la bienveillance, vous offrir des moments rien que pour vous, arrêter de vous juger, et vous offrir des mots d'encouragement, vous regarder dans le miroir et vous féliciter sincèrement, vous caresser le visage…

L'important ici étant de Voir les différents points de Vue, comprendre que le point de vue souffrant est un point de vue parmi les autres, et que, lorsque je reviens à Qui Je Suis vraiment, celui-ci ne peut tenir. Je peux alors m'ouvrir à d'autres points de vue plus libérateurs.

Encore une fois, ne vous blâmez pas si au départ de ce jeu sans enjeu vous n'arrivez pas à vous sortir du point de vue souffrant. C'est normal, ne rajoutez pas de la souffrance à la souffrance, constatez simplement que pour l'instant c'est ainsi et félicitez-vous d'avoir su Voir les choses autrement.

Le mouvement est de toute façon engagé et rien ne pourra l'arrêter. Si vous lisez ce livre, c'est que quelque chose à l'intérieur vous y a appelé, et c'est ce mouvement qui vient de l'intérieur qui finira par l'emporter, n'en doutez pas. Le brouillard du mental se lève et fait place au soleil chaud et lumineux de la conscience Une de l'Amour. Ressentez-le !

Jouer à changer de point de Vue, au départ cela pourra être simplement mental puis, petit à petit, si vous vous impliquez dans la lecture et dans les pratiques du livre, cela se transformera en prise de conscience, ensuite en ressenti, et cela modifiera ainsi votre vibration.

C'est à cet instant que l'expérience commencera à bouger, car il ne peut en être autrement. Souvenez-vous de la boule de Tous les Possibles. Relisez cette partie, encore et encore, pour en saisir la profondeur, la puissance et la simplicité.

Il faut savoir également que la Vie, une fois ces changements vibratoires initiés, peut-être surprenante – elle l'est dans la plupart des cas. Si vous commencez à vous attendre à quelque chose, à le mentaliser et à en faire « le plan », vous allez en quelque sorte mettre en doute votre nouvelle vibration et empêcher ou retarder ce qui aurait dû se produire de manière magique et surprenante.

Tous les plans construits à partir du personnage sont des empêcheurs de l'apparition du chemin magique du Cœur.

Vous êtes invité à relire cette phrase à haute voix en en ressentant la vibration, le sens profond qui l'habite :

« Tous les plans construits à partir du personnage sont des empêcheurs de l'apparition du chemin magique du Cœur. »

Souvent le Cœur se manifeste, des élans se produisent, des idées arrivent à notre conscience, mais le personnage s'en empare et en modifie la substance. C'est alors que la pureté de ce qui était apparu est modifiée pour laisser place au mieux à un détour du chemin magique originalement initié, au « pire » à une déviation qui mène au chemin opposé.

L'invitation est de toujours revenir à ce « Qui Je Suis », faire confiance aux élans du Cœur sans savoir ni le comment ni le pourquoi. C'est en se laissant porter par la Vie que Je Suis que tout devient magique dans le vécu.

L'expérience que je goûte est un constat de ma vibration en l'instant, ce n'est pas ce que je vis et crois subir qui m'impose la vibration, mais bien ma vibration qui projette ce que je crois subir. C'est ma vibration qui me positionne à cet endroit précis de la boule de Tous les Possibles et pas l'inverse.

Si je reviens à Qui Je Suis, je comprends que j'ai toujours été libre car il ne peut en être autrement. La prison du mental est goûtée, mais je peux la quitter à chaque instant. C'est l'abandon des croyances qui construisent le personnage qui permet à chacun des barreaux de la prison illusoire de disparaître.

Si je retire toutes les croyances, il ne reste que le Je Suis, la Source Une de Tout ce qui Est, et cela ne peut être ni détruit ni enfermé.

Dans ce livre et pour simplifier les choses, nous commençons par créer de nouvelles croyances qui vont permettre d'arriver au basculement pour, ensuite, en arriver à les abandonner elles aussi car, au final, ces nouvelles croyances, certes plus proches de la liberté, restent des barreaux qui continuent de nous limiter.

Mais continuons donc de jouer, de glisser vers Soi. N'oubliez pas d'observer de manière neutre ce qui se passe, regardez-vous, Voyez votre mental/ego œuvrer sans pour autant lui en vouloir ou le juger.

L'observation de ce qui se joue, du fonctionnement qui découle des croyances est une clé qui permet de saisir que cette construction du personnage existe, mais qu'elle n'est pas la totalité de Qui Je Suis. Si je peux l'observer, alors je Vois que ce n'est qu'un outil de la conscience qui permet cette expérience en l'instant, mais que ce que Je Suis est bien au-delà. Je peux alors me replacer au centre du jeu, ne plus me laisser emporter par le personnage, ou du moins l'observer sans y accorder trop d'importance si cela arrive encore.

Cette nouvelle habitude de remettre en cause ce qui provoque la souffrance, de revenir à Qui Je Suis, de trouver un point de vue qui tende vers cette vision même si elle est inaccessible au niveau du ressenti pour l'instant, va permettre de petit à petit démonter toutes ces croyances, les laisser perdre de leur force et permettre au Soi de prendre la place.

C'est très simple, pas toujours facile selon la force des croyances du « là où je suis », mais toujours simple. Les pratiques proposées sont importantes dans la mesure où elles permettent de travailler sur l'inconscient pour le « réinformer ». Faites tout en même temps, les méditations, la lecture, c'est un ensemble, ne faites pas les choses à moitié et offrez-vous cette chance de Vous retrouver.

L'invitation est aussi de s'ouvrir à la possibilité que ce soit plus facile qu'il n'y paraît. La sensation du fait que de changer de point de Vue est difficile est aussi une croyance, un conditionnement issu de notre éducation, de notre histoire personnelle et collective, et je peux l'observer de la même manière que tout ce qui peut à un moment donné me limiter.

Tout est interprétation depuis un point de Vue qui m'appartient dans l'instant. Je peux donc changer celui-ci sur tout ce qui me freine, me limite, me fait souffrir… L'important dans ce jeu du changement de point de vue est de pouvoir le ressentir véritablement comme étant ma nouvelle vérité. On ne peut pas se mentir vibratoirement, c'est pourquoi il est important de choisir un point de vue que je suis capable de croire pour pouvoir en ressentir la vibration au plus profond de mes cellules. Seule la vibration compte.

Si je choisis d'aller directement vers le point de vue de Qui Je Suis vraiment et que je ne peux pas le ressentir véritablement comme étant ma nouvelle vérité dans toute mon expérience, alors ma vibration ne correspondra pas et mon expérience, ma position sur la boule de Tous les Possibles ne sera pas alignée sur ce que je souhaite. Je dois rester humble, ne pas me mentir et choisir un point qui me soit atteignable vibratoirement dans l'instant.

Même si je sais mentalement quelque chose, si je ne le crois pas suffisamment pour le vibrer, cela restera une croyance mentale non ressentie qui ne pourra alors en aucun cas se traduire en vibration dans l'expérience et donc en vérité vécue.

Il vaut donc mieux choisir un point de vue plus proche d'où je suis, le vibrer véritablement et suffisamment « longtemps » jusqu'à ce qu'il devienne une vérité vécue et puisse me permettre de choisir un nouveau point de vue plus proche de là où je souhaite aller.

Cela peut vous rappeler la loi d'attraction qui, en fait, est, selon la vision proposée dans ce livre, une déviation de la vérité qui a été nécessaire à une époque où la croyance du fait que Tous les Possibles sont déjà exprimés n'aurait pas été acceptable ou pour très peu de personnes. Cela ne veut pas dire que cela ne fonctionne pas, mais juste qu'aujourd'hui il est possible d'aller plus loin dans sa compréhension et que cela améliore grandement son efficacité.

La loi d'attraction est fondée sur la croyance de la séparation du résultat, elle est basée sur le fait que ce que l'on attire est une création qui n'existe pas encore et que l'on devrait se « mentir » pour vibrer une sorte de « comme si c'était déjà là ».

Ici, avec la boule de Tous les Possibles, il ne s'agit pas d'attirer quelque chose à soi, de *créer* quoi que ce soit, mais de *déplacer* sa conscience vers quelque chose qui existe déjà, de *choisir* la vibration qui correspond à *cet endroit déjà existant sur la boule de Tous les Possibles*, et cela change fondamentalement les choses.

C'est un peu comme avec une radio ou une télévision : lorsque vous choisissez une station ou une chaîne, vous ne la créez pas, vous ne faites que choisir la fréquence qui lui correspond et elle se manifeste dans votre expérience, vous le savez, vous n'en doutez pas un seul instant. Ici c'est la même chose, tout est déjà présent sur la boule de Tous les Possibles, tout ce que vous êtes capable d'imaginer est déjà existant et il ne s'agit en fait que de choisir la vibration qui correspond à ceci pour y placer votre point de Vue du vécu.

Vous voyez la différence ? Bien sûr, pour l'instant nos croyances sont en général très éloignées de cela et c'est ce qui rend « long et lourd », dans cette dimension terrestre, cet « endroit » de la conscience sur la boule de Tous les Possibles.

Notre monde est fait de croyances très limitantes et c'est ce qui le fige, le maintient tel qu'il semble être à nos yeux, car en fait ce sont ces mêmes croyances qui le projettent tel quel dans l'expérience. C'est bien notre vibration qui est le reflet de ces croyances qui nous positionnent à cet endroit sur la boule de Tous les Possibles. C'est toujours la vibration qui positionne le point de Vue de la conscience sur la boule de Tous les Possibles et affiche donc dans notre réalité illusoire ce qui lui correspond vibratoirement.

Chaque fois que nous cherchons des solutions extérieures pour modifier quelque chose dans notre expérience, nous oublions que rien ne peut changer durablement si la vibration ressentie ne change pas. Il ne sert à rien de modifier l'extérieur par l'extérieur si l'intérieur ne bouge pas. On pourra toujours masquer un temps, mais la vérité de la vibration resurgira toujours au final, car je ne peux projeter dans mon expérience que ce que je suis vibratoirement. À ma vibration correspond un positionnement sur la boule de Tous les Possibles qui m'offre un point de Vue sur la réalité qui lui correspond.

Vous pouvez vérifier cela tout le temps, et ça peut même devenir un jeu très intéressant. Pensez toujours en termes de fréquence, de vibration, et voyez comment vous ou les autres fonctionnent. Observez par exemple à quel point quelqu'un qui ne peut *croire* en quelque chose ne l'*entend* pas ou ne le *voit* pas.

On en a tous fait l'expérience lors de discussions avec des personnes qui sont à mille lieues de nos croyances et de ce que l'on peut exprimer. Avez-vous déjà observé que la personne qui vous « écoute » semble être complètement imperméable à ce que vous exprimez ? Vous avez beau expliquer et expliquer encore, la personne ne semble pas saisir ni même recevoir l'information.

C'est absolument normal, car l'information est une vibration. Si vous exprimez une information qui correspond donc à une fréquence particulière qui est au-delà du système de croyances de la personne qui la reçoit, il sera impossible pour cette personne de l'entendre. Si vous êtes, et que, donc, ce que vous exprimez est dans une bande de fréquence comprise entre 100 et 150 hertz, et si la personne en face de vous se situe entre 70 et 120 hertz, vous comprenez bien qu'elle ne pourra pas recevoir et entendre ce qui est exprimé dans la partie entre 120 et 150 hertz.

Ce n'est absolument pas de la mauvaise volonté, ce qui semble juste et facile à comprendre pour vous peut être complètement incompréhensible et inacceptable pour l'autre – et ce n'est pas à juger, on peut simplement le constater.

Il en est de même pour ce que je vois ou crois voir dans mon expérience. Si je vibre à une fréquence entre 100 et 150 hertz, je ne pourrai voir que ce qui y correspond. Si la solution à un de mes problèmes se situe vibratoirement au-delà de 150 hertz, même si cette solution passe devant moi, je ne pourrai la voir et donc y accéder.

C'est pourquoi, pour une même expérience vécue, deux personnes différentes verront deux choses différentes. Là où une personne va voir un problème et s'y enfermer, l'autre pourra y voir une opportunité et en profiter. Encore une fois, observez, voyez comment cela se joue dans les expériences des uns et des autres, puis revenez à votre expérience pour éventuellement vous offrir une autre vision sur la situation.

Il y a toujours une autre manière de voir ce qui se trouve devant soi. Si vous pouvez jouer avec cela, alors ce qui se répète toujours dans votre vécu pourrait bien enfin se modifier et vous amener ailleurs sur la boule de Tous les Possibles. Tant que vous regardez avec le même œil, tant que vous ne remettez pas en question ce que vous observez, il vous sera impossible de voir autre chose.

Vous pouvez aussi vous amuser à vous mettre dans la peau d'un autre qui vous semble à même de résoudre ou de sortir du problème qui vous bloque. Lorsque vous êtes devant un défi qui vous semble hors de portée, revenez à la neutralité puis imaginez, mettez-vous à la place d'une personne de votre entourage ou de quelqu'un d'autre qui vous semble capable de trouver une solution de par son expérience ou autre. Rentrez dans sa vibration, imitez la personne même physiquement pour vous sentir véritablement dans sa peau et, sans réfléchir, voyez quel point de vue serait le sien dans votre situation.

C'est un jeu très puissant, car « l'autre » n'étant pas séparé de Soi, nous pouvons projeter notre conscience ou une partie de celle-ci en son sein. En fait c'est ce qui se passe, on croit jouer à la projection, mais on la réalise véritablement. Il sera donc intéressant de s'y abandonner et ressentir cette autre vision qui se proposera inévitablement. Cela peut ouvrir des possibles que notre personnage limité ne pourrait même pas imaginer, et donc encore moins rendre accessible vibratoirement dans le ressenti.

Encore une fois, la seule prison qui puisse exister est celle du point de vue limité du personnage qui est le résultat de ses croyances. Lorsque je joue à me déplacer en imitant une autre personne, je sors de ma construction, de ma vibration habituelle et ainsi je me permets une ouverture à autre chose. Plus on joue à ce jeu, plus il devient efficace, c'est comme entraîner un muscle, alors n'hésitez pas à vous entraîner, toujours sans y mettre d'enjeu bien sûr.

Il y a certainement beaucoup d'autres manières de « faire » pour changer votre point de vue et votre vibration, trouvez les solutions qui vous vont le mieux. L'important, s'il y avait quelque chose d'important, c'est de « bouger ». Tant que vous restez dans la même vibration, rien ne peut changer, mais le moindre changement de cette vibration va enclencher un mouvement qui va en amener un autre et ainsi de suite. Faites-vous confiance et observez, restez le plus possible dans la Présence et laissez-vous guider de l'intérieur vers l'extérieur.

La moindre remise en question de ce que l'on croit être l'unique vérité peut apporter un changement vibratoire qui va nous amener à un endroit différent dans l'expérience, une nouvelle réalité jusqu'alors inespérée.

Si on peut saisir cela, le vibrer véritablement, alors c'est absolument toute notre réalité qui va s'en trouver modifiée. Commencez par de petites choses faciles à faire bouger, voyez à quel point ce que vous pouviez croire comme étant « vrai » peut être remis en question. Faites-le dans vos relations, mettez-vous à la place de l'autre en toute sincérité et voyez depuis son point de vue à lui. C'est très puissant si vous êtes véritablement neutre et sincère.

Un proverbe indien dit ceci :

« Tu ne peux pas juger un homme sans avoir marché deux lunes d'affilée dans ses mocassins. »

Lorsque je me permets de saisir cela, de ne plus prendre en compte ma première vision de ce qui se passe, celle qui est conditionnée par mon « passé », mon éducation, mes croyances, mes limitations… mais qu'au contraire j'observe cette vision en la prenant pour ce qu'elle est, une vérité parmi les autres, que je m'ouvre à la vérité de l'autre et laisse la place encore à une infinité d'autres points de vue possibles, alors je m'offre la liberté de laisser émerger le Soi, la pure Présence qui ne juge rien et Aime inconditionnellement tout ce qui Est.

Bien sûr, étant limité vibratoirement à une certaine plage de fréquences, en cet instant, la Vérité Une me sera peut-être inaccessible, et certaines choses, incompréhensibles. Ainsi, ne voyant pas l'ensemble de la Création, l'ensemble du Jeu immense et infini exprimé, certaines choses souffrantes comme la maladie, le viol, le terrorisme, l'abus des enfants me paraîtront inacceptables et incompréhensibles. Il ne s'agit pas ici de nier ces faits ni d'être d'accord avec ceux-ci, mais de s'ouvrir au fait indéniable que ma vision est limitée et que, ne voyant pas l'ensemble, je ne peux en comprendre la raison.

Souvenons-nous que si nous vibrons à une fréquence comprise entre 100 et 150, nous ne pouvons voir ce qui se trouve au-delà de 150, mais que cela ne veut pas dire que cela n'existe pas et qu'il n'y a pas de réponses aux questions. Cela implique juste que nous ne sommes pas prêts vibratoirement à les recevoir.

Il m'est arrivé à certains moments d'avoir des montées en vibration très élevées, des états de grâce incroyables, et même si je suis en l'instant incapable de vous expliquer ni comment ni pourquoi, lors de ces expériences j'étais en Amour avec Tout et absolument Tout. Je ressentais un Amour incroyable pour les êtres humains sans en exclure aucun pour quelle raison que ce soit… Je pouvais le ressentir véritablement sans pouvoir l'expliquer.

C'est une expérience que vous avez peut-être vécue, et dans ce cas vous voyez de quoi je veux parler. Si ce n'est pas le cas et si cela vous semble hors de votre portée, j'aimerais vous inviter simplement à vous y ouvrir, à vous permettre de croire que cela peut exister et vous arriver. Encore une fois, il ne s'agit pas d'être d'accord avec les souffrances et ceux qui les provoquent, mais simplement de s'ouvrir au fait que c'est là et qu'il y a une raison derrière, raison qui nous est en l'instant inaccessible.

Nous pouvons également convenir du fait que les plus grandes transformations positives personnelles ou collectives découlent souvent d'expériences compliquées, ou même vécues comme inacceptables au premier abord. La Vie est ainsi faite, ce sont le plus souvent les plus grandes épreuves, les plus grands défis rencontrés qui nous apportent les plus beaux cadeaux.

Cependant, on peut aussi observer que les cadeaux ne peuvent arriver que si l'on ne s'enferme pas émotionnellement et mentalement dans l'épreuve proposée. En effet, si nous nous laissons aller à ruminer, à rester dans la souffrance, la colère ou tout autre sentiment tellement éloigné de Qui Nous Sommes vraiment, alors cet enfermement dû aux croyances limitantes nous empêchera de Voir, de conscientiser, de vibrer l'arrivée du cadeau associé.

Prendre le temps d'observer notre histoire de manière sincère et neutre permet de voir cela. S'habituer à observer, voir les cadeaux permet de développer sa Foi en la Vie que Nous Sommes et ainsi libère petit à petit des réactions qui nous bloquent dans des schémas qui se répètent à l'infini tant que l'on ne se permet pas de les observer d'un autre point de vue.

D'où l'importance de commencer par trouver la Paix avec ce qui Est, Tout ce qui Est. C'est cette Paix qui permet de lâcher les croyances qui nous maintiennent et nous bloquent dans un point de vue qui ne peut rendre possible la libération du schéma répétitif. Vous êtes invité à revenir au chapitre « La Paix comme point de départ » et à la pratique associée pour ressentir, vibrer cette vision des choses.

Il est évident qu'au départ de la mise en pratique, vous allez être invité à revenir souvent aux bases du livre, aux pratiques proposées, pour leur permettre d'infuser en vous véritablement. Vous n'allez peut-être pas changer vos croyances en quelques heures ni même quelques jours – bien que ce soit possible –, mais offrez-vous cette chance en vous impliquant pleinement.

Encore une fois, si vous ne faites que lire le livre sans vous y *impliquer* véritablement – c'est à dire en vous en servant comme d'un outil de tous les jours, en utilisant les pratiques proposées, en prenant le temps de vous observer et de vous ouvrir à d'autres points de vue –, si vous ne jouez pas le jeu, alors rien ne pourra changer dans l'expérience.

Pour changer son expérience, il faut changer, changer de fonctionnement, changer de vibration. Tant que je reste figé dans mon conditionnement, ma vibration ne bouge pas et mon emplacement sur la boule de Tous les Possibles ne peut donc pas bouger.

Vous allez peut-être trouver tout cela répétitif. Nous en revenons toujours aux mêmes bases. Mais c'est en revenant encore et encore sur ces principes que nous pourrons ébranler nos anciennes certitudes ou habitudes de pensée qui font que nous sommes là où nous sommes en cet instant.

C'est la répétition, l'implication que vous allez mettre dans cet abandon des anciennes croyances qui va permettre la Libération pour ensuite pouvoir retrouver l'autonomie, celle-là même qui n'aura plus besoin de croyances, ni anciennes ni nouvelles.

Ce sera le retour à l'étonnante simplicité de l'Être qui observe, participe et affirme sa particularité dans le Jeu de la Vie, la magnifique Particularité au service du Tout.

Voici une pratique guidée qui pourra vous aider à ressentir et tendre vers cet état d'Être. Vous êtes invité comme d'habitude à y revenir à chaque fois que vous le sentirez nécessaire et jusqu'à ce que cela vibre en vous.

Vous trouverez à ce sujet une pratique guidée intéressante dans votre espace membre :

Méditation guidée : « Reconnexion à la Puissante Simplicité de l'Être ».

Vous êtes invité à la pratiquer régulièrement pour l'ancrer dans votre inconscient et enclencher un mouvement qui pourrait bien vous surprendre.

8 L'AUTONOMIE AFFIRMÉE

Ce livre n'est pas un pavé de cinq cents pages compliqué à lire et à comprendre. Il est simple et évite les histoires et théories difficiles d'accès pour se concentrer sur les bases essentielles à cette libération des barrières les plus importantes, ce qui permettra ensuite ce basculement qui rendra tout cela inutile.

Bien sûr la Vie est vaste, il y a tellement d'informations, tellement de versions, tellement de… Vous pourrez vous y intéresser si cela vous appelle, cependant vous allez vous apercevoir que plus vous avancerez, plus le basculement sera effectif, plus les questionnements vont disparaître en laissant place à cet essentiel, à ce silence, à cette Paix qui ne demande qu'à se laisser Vivre en symbiose parfaite avec le Un dans une sorte de danse énergétique magnifique et magique.

Prenez le temps, prenez du recul le plus souvent possible, observez-vous, revenez encore et encore aux bases, remettez en question votre compréhension de celles-ci, pratiquez les différentes méditations proposées, participez à tout ce qui vous est offert avec le livre, votre expérience changera et prendra la direction d'une conscience plus élevée sur votre vécu jusqu'à ce que tout devienne fluide et clair.

Une fois le mouvement enclenché sur la boule de Tous les Possibles, une fois la direction du basculement prise et solidement installée, plus rien de tout cela ne vous sera nécessaire ; vous ne ferez alors que constater ce qui se joue, vous le sentirez, vous sentirez cette Joie monter, vous sentirez cette puissance d'Amour vous remplir quel que soit l'extérieur, et vous saisirez alors toutes ces choses exposées ici de manière plus profonde.

La Vie est simple, ouvrez-vous et offrez-vous cela.

Plus vous allez avancer, plus vous allez pratiquer et plus vous allez saisir cette Simplicité, cette Puissante Simplicité qui ne pouvait être goûtée pleinement tant que le couple mental/ego venait sans cesse l'enfumer et nous en éloigner.

L'ego n'est pas pour autant l'ennemi à abattre, au contraire, tant qu'il ne sera pas aimé sincèrement lui aussi, il continuera à résister par différents moyens. Le rejeter, c'est lui demander de revenir sous une autre forme qui ne sera peut-être pas démasquée pendant un certain temps.

L'invitation est à abandonner cette idée de vouloir le détruire, de le traiter comme le vilain garçon, de le bannir, pour au contraire lui offrir Paix et Amour, l'accueillir sincèrement, l'écouter sans s'y soumettre, lui expliquer votre nouvelle manière de jouer et le rassurer. Voilà ce qui le remettra à sa juste place et permettra au Soi de prendre de plus en plus d'espace jusqu'à le rendre transparent.

Il n'est pas demandé ici de devenir insipide, de quitter le personnage, de vivre dans une grotte, de ne plus jouir de la Vie, mais à l'inverse, de le faire de manière plus forte encore en Étant la Particularité au service du Vous. C'est-à-dire que ce qui fait de vous l'unique expression du Un s'exprimera encore plus fortement au service de cette Vie que Vous Êtes au final.

Bien sûr, il est possible que l'expression du Soi en invite certaines ou certains à se retirer dans une « grotte » pour un temps, tout est juste. Si c'est l'élan du Cœur qui n'est pas détourné par le personnage, alors c'est parfait. C'est parfait de toute façon.

Lorsque le basculement de la conscience se produit, lorsque le petit soi se met au service du Soi, lorsque la Foi en Qui Je Suis devient plus forte que la peur, lorsque les croyances limitantes ne sont plus assez puissantes pour empêcher la Joie de l'Être de prendre le dessus de manière naturelle et non voulue, alors les questionnements disparaissent et tout redevient Simple et magique.

Cet état d'Être, cette envolée vibratoire, peut au début être vécu dans l'éloignement de la « réalité physique ». Ce retour de la Joie ne dépendant pas de l'extérieur peut amener à un déséquilibre dans l'autre sens, c'est-à-dire que ce sentiment de Paix, d'Amour et de Joie peut provoquer une sorte de déni de l'expérience vécue ici et maintenant sur Terre. Or, ce n'est pas parce que c'est une illusion que cela ne doit pas être expérimenté. Là encore, vous saurez certainement démasquer l'ego qui vient porter un jugement en rejetant d'une manière inattendue l'expérience tout en prétextant ce nouvel état d'Être pour rejeter ce qui se joue.

Vous pouvez le goûter, ne le blâmez pas, ne le refusez pas non plus, simplement prenez du recul et observez-le. C'est une phase tout à fait normale qui peut se présenter ou pas, laissez-vous glisser en ayant conscience de ce qui se passe.

Ensuite, bien souvent, il y aura un « ajustement » avec un retour plus profond et plus vibrant dans la matière, dans l'expérience, dans le personnage qui sera devenu la Particularité du Soi consciente de jouer ce jeu illusoire.

En cet instant vous pourrez ressentir la puissance de ce « retour » dans l'expérience terrestre en quelque sorte, car le niveau de conscience étant plus élevé, la communion avec le Soi plus forte, tous les ressentis, toutes les émotions, toute l'expérience sera goûtée de manière plus puissante, plus forte, plus intense…

C'est un peu comme si tout avait plus de saveur, comme lorsque l'on arrête de fumer et qu'on retrouve le goût des aliments. On peut à nouveau admirer la Vie tout en ressentant que l'on Est partout et dans Tout. C'est alors que l'on peut ressentir ceci :

Tout a changé, mais rien n'a changé.

Tout est là comme avant, mais c'est ressenti et vécu d'une manière totalement différente. On peut se sentir comme tomber en Amour avec la Vie que l'on Est. Tout ce qui pouvait paraître compliqué avant -

comme accueillir ses peurs, être en Paix, ne pas être dans le jugement… –, tout cela devient simple et naturel.

Bien sûr, cela ne veut pas dire que rien ne se passe et que tout est rose. Des tristesses, des peurs et d'autres émotions peuvent se présenter, mais ce sera immédiatement « Vu » et accueilli sans qu'il y ait d'intention mentale de cet accueil. C'est naturel, les énergies circulant librement dans une sorte d'abandon total au Soi qui n'est plus gêné ou détourné par le soi conditionné.

Les périodes et cycles de la Vie seront vécus pleinement. À certains moments, le calme et le « ne rien faire du tout ». Puis, l'énergie puissante de mise en action selon les intuitions reçues et vécues. À chaque fois, et selon les périodes, l'Univers semblera se mettre à notre service pour que tout se déroule parfaitement.

L'autonomie sera alors une évidence et plus un concept recherché. Cela ne veut pas dire que l'on n'aura plus besoin de se faire aider ou guider, mais que cela se fera depuis l'intuition de l'Être non détournée. On pourra alors observer cette simple magie dans l'expérience, cette fluidité, l'apparition des choses nécessaires au moment parfait pour aider à la jouissance du Soi dans la matière.

L'autonomie n'est alors pas le fait de ne plus avoir besoin de rien ni de personne, c'est la conscience même que cette aide qui se présente et qui est accueillie n'est que le reflet du Soi pour Soi dans l'expérience. Nous en revenons alors simplement à :

« Il n'y a que Soi avec Soi et pour Soi ».

On prend pleinement conscience de cette magnifique symphonie – chaque expérience vécue devenant en fait une note de musique parfaite, et on ne fait alors que jouer sa note dans l'instant en découvrant le résultat toujours plus surprenant de l'ensemble.

Le Soi s'affirme de plus en plus et c'est cette redécouverte de Qui Nous Sommes vraiment qui s'offre comme le jeu sans fin de la Vie qui s'amuse à s'honorer, à se découvrir depuis l'illusion d'une séparation impossible. Cela devient évident et simple, c'est ce qui donne cette impression de magie qui en fait est naturelle.

Le basculement vers cet état d'Être n'est pas une fin en soi. Cela ne veut pas dire que la partie est terminée et qu'il n'y a plus qu'à attendre que l'expérience se termine d'une manière ou d'une autre. Là encore, si c'est le ressenti qui se présente, observez-le et prenez simplement conscience de ceci :

Dès que je crois avoir tout compris, alors, de fait, je n'ai rien compris.

Relisez plusieurs fois cette phrase en toute sincérité et en restant humble. Si l'on est encore dans l'expérience, peu importe le « niveau » de conscience, peu importe ce que l'on peut ressentir ou pas, on est encore dans le jeu de l'illusion. Et c'est absolument parfait !

On peut alors ressentir, en dehors de tout concept et même de tout ressenti, que celui qui joue à être emprisonné dans son personnage n'est absolument pas moins « avancé » que celui qui joue à être éveillé ou réalisé, puisqu'au final, il n'y a que le Soi partout et dans Tout.

Il n'y a que Soi avec Soi et pour Soi, Tout est la même chose ; la particularité, quoi qu'elle vibre et où qu'elle se trouve sur la boule de Tous les Possibles, Est cette chose qui n'en est pas vraiment une, car ce Un ne peut être interprété à sa Source, l'interprétation étant alors déjà une restriction et une séparation de celle-ci.

On en revient alors encore à ceci :

Tout a changé, mais rien n'a changé.

Peu importe mon interprétation de ce qui se Joue, peu importe mon soi-disant niveau de conscience, peu importe mon soi-disant niveau de réalisation, peu importe si je parviens ou pas à ressentir cette Présence, peu importe si je me sens libre ou pas, peu importe… Car, finalement, Je Suis cette Unique Présence qui projette cette interprétation d'Elle-même dans l'expérience illusoire de la séparation.

Alors, je peux simplement goûter pleinement ce que j'expérimente, si j'en ressens l'envie je peux jouer à me libérer et vivre la magie de la Vie, je peux aussi continuer à jouer au jeu de la souffrance sachant que, au final, tout cela va me ramener au même endroit de Paix, d'Amour et de Joie qui ne peut être trouvé par la volonté du petit soi puisque c'est déjà là, juste derrière le personnage qui « croit » être séparé et enfermé.

L'invitation ici est à ramener cette vision, cette compréhension du fait que là où je suis est là où je suis, que lorsque je fais la Paix avec ce « là ou je suis », alors je m'élève pour pouvoir l'observer depuis un point de Vue plus large et non jugeant. Ainsi, ce point de Vue me permet de m'ouvrir à autre chose et enclenche obligatoirement un changement dans le vécu, dans le choix de mon prochain possible exprimé qui en fait est déjà là.

L'autonomie se traduit dans les faits par l'affirmation du Soi à travers le soi.

Ici, il est important de bien faire la différence entre donner son pouvoir de décision à quelqu'un et accueillir une compétence, une aide extérieure qui en fait n'est que la manifestation dans la matière, dans l'expérience du Soi, envoyée par Soi et pour Soi. Ce qui se joue en dehors étant le reflet de ce qui se passe à l'intérieur, je comprends alors que ce qui se présente dans l'expérience n'est que la manifestation du Soi qui s'affirme et s'exprime à l'extérieur selon ma vibration.

Ensuite, nous arrivons au choix du non-choix, car le choix en fait disparaît lorsque la Présence, le Soi prend la place. De choix, il ne peut y en avoir lorsque c'est l'Être qui agit et Joue la Vie sans être détourné par le personnage. Tout se déroule dans une parfaite danse intuitivement exprimée qui ne peut en aucun cas être questionnée ou remise en question.

C'est le basculement qui nous amène petit à petit à ce choix, ou plutôt ce vécu du non-choix qui s'impose de lui-même. Le petit soi qui questionne habituellement n'étant plus aux commandes, mais au service du Soi, plus rien ne peut être « choisi », c'est juste Vécu de manière simple et sans doute, car aucun doute ne peut subsister dans cet « état ».

Les interactions avec les « autres » se font alors en toute simplicité, tout s'ajuste et se découvre au fur et à mesure dans un éternel Présent vécu pleinement.

On comprend ainsi que, dans cette danse de la Vie, chaque expression du Un apporte à l'autre ce qu'il est venu vibrer. Nous comprenons que nous sommes toutes et tous des soins les uns pour les autres, que nous sommes toutes et tous des enseignants les uns pour les autres, des vibrations complémentaires et indissociables pour pouvoir jouer l'expérience dans l'ici et maintenant.

Ainsi, plus je joue ma note, plus je vibre puissamment ma particularité du Soi, plus je m'y abandonne sans juger, sans peur ni volonté déviante du petit soi, plus l'expérience et son ressenti deviennent Joyeux et intenses.

La Vie est simple. Plus l'expression de notre particularité est intense, plus elle participe à l'expérience, plus elle est reliée à sa Source Une qui est pur Amour et pure Joie, et plus le rayonnement nous apporte des situations qui reflètent cet Amour et cette Joie.

À l'inverse, si l'on s'oublie en perdant de son intensité, en laissant mourir l'expression de sa particularité, en se laissant vivre comme un automate qui n'exprime rien, alors on ferme la porte petit à petit au véritable Soi, on s'éloigne de la Vie dans l'expérience, de ses ressentis, et on finit par se créer des maladies, des choses plus ou moins agréables dans le vécu qui vont nous mettre face à la vibration que l'on a alors exprimée de manière consciente ou pas.

L'invitation sera donc de Vivre de manière intense cette particularité du Qui Je Suis, de l'offrir au monde, de rayonner cette Vibration unique, cette couleur unique, cette note de musique unique, pour participer pleinement à la symphonie vibratoire du « là où je suis ».

Au final, tout cela sera vécu de plus en plus en dehors de tout concept, de toute interprétation, jusqu'à devenir alors inexplicable avec des mots qui seront de toute façon tous limitants.

La Vie Est la Vie et tout est dit.

Voici une pratique guidée qui nous invitera à ressentir cette danse de la Vie.

Pratique : La danse de la Vie (méditation guidée disponible en audio dans l'espace membre) :

Installez-vous confortablement et respirez en conscience. Faites le vide et laissez-vous aller…

Ressentez votre connexion avec la Terre Mère, notre planète Urantia Gaïa, ressentez sa compassion, son Amour inconditionnel pour vous… Ressentez cette belle énergie monter et s'installer en vous, au centre du Cœur…

Ressentez votre connexion avec le Père Ciel, le soleil central, Alcyone, ressentez sa puissance d'Amour, sa Lumière et sa bienveillance pour vous… Ressentez cette belle énergie descendre et s'installer en vous, au centre du Cœur…

Ressentez les deux énergies s'enlacer et fusionner en vous au centre de votre Cœur…

Abandonnez-vous de plus en plus profondément à la Présence Je Suis, laissez-vous glisser… Lâchez tout ce qui se présente, ne vous attachez pas au mental ; s'il souhaite continuer à bavarder, laissez-le faire, dites-lui simplement que vous l'aimez, ressentez de l'Amour et de la compassion pour lui puis invitez-le simplement à se détendre s'il le souhaite.

Ressentez la Présence s'imposer d'elle-même, ressentez l'Unité avec Tout ce qui Est, ressentez votre présence dans Tout. Vous Êtes Tout ce qui Est. Ressentez aussi votre présence dans le voile de l'illusion de la séparation, vous êtes aussi cela pour vous permettre de goûter à cette séparation impossible.

Vous Êtes Tout et Tout Est Vous.

Respirez, ressentez…
Respirez, ressentez…
Respirez, ressentez…

Depuis cette conscience, depuis ce ressenti d'unité avec Tout ce Qui Est, ressentez la Vie que Vous Êtes agir sans que le petit vous interfère, ressentez la Présence s'affirmer et jouer la Vie.

Respirez, ressentez…

Respirez, ressentez…
Respirez, ressentez…

Depuis cet espace, dans un abandon total, observez simplement, voyez la Vie se mouvoir, danser, vibrer, rayonner dans une fluidité absolue. Voyez de plus en plus large, ressentez que vous Êtes cette danse magique de la conscience manifestée.

Respirez, ressentez…
Respirez, ressentez…
Respirez, ressentez…

Élargissez encore votre champ de vision tout en continuant à Vous ressentir dans Tout ce que vous observez, ressentez à quel point chaque mouvement de l'énergie, chaque expérience exprimée est imbriquée dans un Tout parfaitement orchestré, élargissez encore et observez l'interaction de chaque point de vue exprimé.

Voyez l'ensemble danser, ressentez cette danse…

Respirez, ressentez…
Respirez, ressentez…
Respirez, ressentez…

Vous Êtes cette danse et celui qui l'observe.

Respirez, ressentez…
Respirez, ressentez…
Respirez, ressentez…

Vous Êtes cette danse et celui qui l'observe.

Respirez, ressentez…
Respirez, ressentez…
Respirez, ressentez…

Vous Êtes cette danse et celui qui l'observe.

Respirez, ressentez…
Respirez, ressentez…
Respirez, ressentez…

Fin de la pratique guidée.

Vous êtes invité à revenir à cette pratique aussi souvent que possible, aussi souvent que vous le sentirez bon pour vous dans les jours et semaines à venir. C'est par votre pratique que la conscience change, que la vibration change et même si vous ne le voyez pas tout de suite, cela va réorganiser votre Univers, votre vécu, vos interactions avec les « autres ».

Si vous ne ressentez rien pendant les exercices, ne vous sentez pas frustré, accueillez simplement cet état de fait dans l'instant. Soyez en Paix avec cela et tournez-vous vers la Joie, vibrez cette Joie simplement en ayant confiance dans la Vie que Vous Êtes.

N'oubliez pas que ce livre n'est pas juste un livre, il est associé à une vibration particulière qui va vous accompagner, que vous en soyez conscient ou non.

Vous avez accès gratuitement à des vecteurs audio, des vidéos, des Séances sur Internet, des stages/partages... Tout ce qui est associé au livre vous est offert. Ce livre est un support, une base qui donne accès au reste, et je me ferai un plaisir de vous accompagner au-delà de cet ouvrage pour que ce ne soit pas juste « un livre de plus » dans votre bibliothèque. Exploitez tout et impliquez-vous !

Pour profiter de tout ce qui vient avec ce manuel, rendez-vous sur ce lien privé qui vous expliquera comment accéder à l'espace membre qui contient les autres liens et programmes d'accompagnement...

Allez voir ici pour profiter de tout ce qui accompagne le livre :

https://stephane-colle.com/livre

9 C'EST MAINTENANT QUE TOUT COMMENCE

Il n'y a ni début ni fin, il y a le *maintenant*, cet unique maintenant, et même si les bases du livre sont maintenant posées, il ne fait que commencer. C'est maintenant que son énergie s'exprime et invite à Vivre son contenu, sa vibration. Que vous en soyez conscient ou pas, il est Présent en Vous et vous influence déjà, en fait il ne fait rien d'autre que de permettre au véritable Vous de prendre de plus en plus de place.

Il est possible que cela remue un peu au début, que vous ayez l'impression que l'inverse se produit, que des choses remontent et vous titillent dans vos émotions. C'est normal, même si ce n'est pas une obligation, il arrive souvent que le début soit remuant émotionnellement, laissez simplement glisser et continuez à revenir aux bases du livre, continuez à pratiquer les différentes méditations selon vos envies et ressentis.

Vous pouvez aussi venir échanger lors des émissions en direct ou poser vos questions dans l'espace prévu à cet effet sur le site. Je suis à votre disposition pour accompagner au maximum de mes possibilités chaque lecteur de ce livre.

Impliquez-vous véritablement ; une fois le basculement effectif, vous vous embrasserez d'avoir fait ce choix.

Encore une fois, ce livre n'est pas long et va à l'essentiel, vous êtes invité à participer à tout ce qui l'accompagne pour en tirer le maximum.

Ce sera lors des différentes émissions sur Internet et qui seront disponibles en replay ensuite que nous pourrons aller plus loin ensemble pour clarifier et compléter ce qui est exprimé ici si le besoin s'en fait sentir. Ce n'est pas juste un livre qu'on lit et qu'on pose sur une étagère. Offrez-vous le temps de participer à ce qui l'accompagne si vous souhaitez profiter pleinement de ce qui est proposé.

Je vais également me déplacer un peu partout en France et ailleurs pour venir échanger avec ceux qui le souhaitent, ce sera pour moi un grand plaisir de vous rencontrer si vous le sentez. Ces partages seront eux aussi gratuits, le livre sera le ticket d'entrée : il vous suffira alors de le présenter pour participer. Il sera expliqué dans l'espace membre du livre sur le site quand et comment procéder pour les rencontres…

Le souhait est véritablement d'offrir le maximum, je sais que beaucoup n'ont pas de grands moyens et c'est pourquoi tout sera offert gratuitement pour ceux qui se procureront le livre. Profitez-en un maximum !

Pour profiter de l'accompagnement dans sa totalité, rendez-vous sur ce lien privé qui vous expliquera comment accéder à l'espace membre qui contient les liens et programmes d'accompagnement…

Allez voir ici pour exploiter tout ce qui accompagne le livre :

https://stephane-colle.com/livre

Voici maintenant une nouvelle partie du livre avec des partages qui pourront peut-être vous offrir de nouvelles clés de compréhension. Il s'agit de certains extraits d'un partage de messages avec une seule et même personne, sur une durée de plus de deux ans.

Patricia, qui est la personne avec qui le partage a eu lieu, vit aujourd'hui ce basculement, cette Joie intense sans raison, et vous pourrez ainsi suivre l'évolution, les questionnements et les réponses données par la Présence qui nous a accompagnés tout au long de ces échanges.

Il est possible que vous viviez à peu près la même chose et que l'énergie du partage et des questionnements vous corresponde. Laissez-vous aller tranquillement ; comme pour tout ce qui est exprimé dans le livre, il peut sembler y avoir des contradictions, n'oubliez pas qu'il n'y a que des points de Vue exprimés qui sont justes au moment et à l'endroit où ils sont expérimentés. Tout est interprétation selon le point de Vue du vécu.

Chaque personne est différente et votre chemin peut être différent, même si souvent il y a des étapes, des passages qui se ressemblent pour toutes et tous.

Si ce qui est exprimé ne vibre pas avec le « vous » dans l'instant, laissez simplement de côté et passez à la suite. Avant de partager les extraits, voici le partage de Patricia sur son vécu depuis qu'elle s'est laissé porter par cette énergie :

« Ma Re-Naissance a débuté suite à la découverte du site de Stéphane en 2013.

J'y ai suivi beaucoup beaucoup de conférences avec les divers intervenants. J'éprouve une Immense, une Infinie Gratitude envers Stéphane pour cette Merveilleuse idée, il a su me guider lorsque j'étais perdue !

À cette période, j'étais dans une grande Souffrance, Détresse Émotionnelle liée à un événement familial marquant, j'étais comme anesthésiée, il n'y avait que tristesse dans mon cœur.

Comme le hasard n'existe pas, ces conférences répondaient comme par magie à toutes mes interrogations, tous mes doutes, toutes mes peurs, mes colères, mes incompréhensions. J'ai le souvenir de m'être questionnée sur le sens de la Vie, de Ma Vie sur cette Terre.

Lors de ces conférences, j'ai souvent pleuré, parfois ri, et j'exprimais des " Wouah " tant ma conscience et mon cœur s'ouvraient ! Je me suis reconnectée à mon corps, mon Âme et mon Esprit ; je savais que je n'étais pas seule et que l'invisible existait vraiment !

Toutefois, à ce moment-là, mon mental/ego tournait en boucle, mais grâce aux médiations et aux soins proposés par Stéphane, je me suis peu à peu apaisée, j'ai pansé les blessures de mon cœur, je me suis éveillée ou plutôt Ré-veillée à qui j'étais vraiment, un Être Spirituel venu expérimenter la Vie Terrestre. De là a commencé un long chemin de voyage intérieur, un des plus Beaux, avec mes émotions, mes blocages, mes parts sombres qu'il m'a fallu Voir pour enfin Transmuter ! Oh, combien cela a pu être difficile sur le moment, mais avec le recul, quelle transformation s'est opérée en moi, comme cela a été Libérateur !

J'ai compris que Je suis, Nous sommes le Un, le Tout, quelle révélation ! J'ai appris à m'aimer pour de vrai, à ouvrir mon Cœur encore et encore, et ma conscience s'expanse toujours un peu plus. Je suis émerveillée de toutes ces synchronicités, cette Beauté qu'Est la Vie avec Tout ce qui la compose !

À ce jour je goûte, savoure la Vie avec Foi, douceur, bienveillance et gratitude. Je sais que la Vie ne me veut que du bien, que tout est Juste et parfait en cet instant. Oh, parfois, certaines émotions me traversent encore, mais j'ai appris à ne pas m'y accrocher, je sais qu'elles ne me définissent pas et mon mental/ego est devenu mon ami !

J'expérimente ce que la Vie met sur mon chemin dans la Paix, l'Amour et la Joie, et je ressens fortement l'envie de rayonner qui Je Suis en suivant mon cœur, ma boussole, mon guide toujours, toujours ! Voilà ma vérité. Je Nous Vous Aime !

Patricia »

Merci à toi Patricia de m'avoir autorisé à publier ces partages, je t'embrasse.

Voici les échanges, il sera indiqué P quand c'est Patricia qui s'exprime et S quand c'est Stéphane. Bon voyage en notre compagnie :

P : Coucou, Stéphane.

S : Coucou !

P : Alors, aujourd'hui, dès le réveil, les premiers mots qui me sont venus sont Paix, Amour et Joie, et ils ne m'ont pas quittée de la journée !

S : Super ! Il faut garder cet état le plus possible.

P : Oh que oui ! En fait j'ai eu une grande prise de conscience lors de la séance des questions-réponses.

S : Ah oui ?

P : Oui, j'ai intégré cette notion de Paix, quand tu as dit qu'il faut accepter tout ce qui est, vraiment tout !

Même les situations qui nous dérangent, etc. En fait, c'est ce que je recherche depuis longtemps, cette Paix, et pour l'Amour, cela fait partie de mon quotidien, plus je donne et plus je reçois, c'est juste magnifique !

Et pour la Joie, elle est bien présente et se renforce chaque jour. Comme tu le dis, il faut la rayonner et l'entourage en bénéficie, et même au bureau.

S : Super !

P : Coucou ! Hier je suis allée voir ma famille. Je me rends compte qu'ils changent et je commence à montrer qui je suis vraiment et eux me questionnent ! Quelle avancée !

S : Oui, ça bouge partout, et plus on avance vers Soi, plus l'entourage bouge.

On doit juste avancer et rayonner.

P : Alors là, c'est véridique !

S : Le reste vient tout seul.

P : C'est un peu plus difficile avec ma fille… Elle me dit que je suis dans le monde des Bisounours…

S : Chacun son rythme, tout est juste.

P : Oui, et je sais que c'est moi qui crée cela par mes pensées !

Encore du chemin !

S : S'émerveiller du chemin est le plus important. Je t'embrasse.

À très vite.

P : Très juste. Je t'embrasse également…

P : Coucou Steph. Tu vas bien ? Il faut que je te raconte !

S : Coucou. Vas-y…

P : Je reviens d'une balade, et j'ai beaucoup pleuré, je suis en train de lâcher, faire le deuil de ma relation. J'ai pris conscience qu'il fallait lâcher le passé pour accueillir le nouveau.

S : Oui, c'est bien ça. Je suis content que ça se libère.

P : Oh moi aussi, je m'aperçois que j'étais encore attachée, mais ça fait mal même si ça libère ! Je libère en conscience et c'est top.

S : Oui, accueillir la douleur et l'aimer. Prendre conscience que ce n'est pas Toi mais une partie de Toi. Aimer cette partie qui souffre pour la rassurer et la libérer.

P : Oui, merci, j'ai la gorge nouée.

S : Laisse s'exprimer cette partie de Toi. Lâche vraiment et accueille.
Prends ça vraiment comme un cadeau que tu te fais. C'est une belle étape, ta vie va changer. « Accélération lâcher-prise »

Note : « Accélération lâcher-prise » est la formule qui est ressortie lors d'un cercle de partage organisé chez Patricia peu de temps avant.

P : Oui, j'y pense souvent à ce cercle de partage ! Merci pour tout…

S : Je suis avec toi. Mais n'oublie pas je ne suis que Toi envoyé pour Toi. C'est uniquement Toi qui t'autorises cela, alors inclus-Toi dans le Merci.

P : Alors merci à nous, à la Vie, au TOUT, nous sommes le TOUT, avec le TOUT et pour le TOUT, c'est ça Steph ?

S : Oui.

P : C'est quand même génial, tout ça ! C'est ça la magie de la Vie, rencontrer de belles personnes au bon moment ! Je suis remplie de tout cet Amour reçu ce week-end, il me suffit de fermer les yeux et je le ressens. Si dans la journée j'ai un petit coup de blues, j'appuie sur le « bouton » ! À très bientôt…

Note : Cet échange fait suite à un week-end organisé par Patricia pendant lequel nous avons fait ce cercle de partage le samedi et un pique-nique le dimanche. Lors du cercle de partage, nous avons appris à utiliser un « bouton » virtuel qui permet de retrouver la Paix, l'Amour et la Joie en un instant. C'est une pratique simple qui pourra être expliquée plus en détail si vous le souhaitez. Je suis ouvert à ce genre de week-end si vous voulez en organiser un. Contactez-moi depuis la rubrique « Contact » de mon site.

P : Coucou Steph, hier après-midi, j'ai conduit ma fille pour son oral ; je suis restée seule avec moi-même tout l'après-midi, le film de ma vie a défilé, j'ai encore pleuré, lâché, et ce matin je pleure beaucoup, toutes mes blessures remontent, toutes les cicatrices que je porte en mon cœur se rouvrent et ça fait si mal !

Ça vient du plus profond de mon être et je sens que ça bloque au niveau de la gorge, alors que je voudrais que ça sorte ! Mais je sais que la Joie va revenir et je sais qu'il me faut encore et encore m'apporter beaucoup d'Amour !

Un jour, si tu en as envie, et quand je serai prête, je te raconterais mon histoire. Merci à toi de me lire ! Gros bisous du plus profond de mon cœur !

S : OK, tu es accompagnée, tout va bien se passer, fais confiance.

P : Oui, j'en ai conscience ! Merci je pars travailler !

S : Je t'embrasse

Note : Il se peut, même si cela n'est pas une obligation, qu'au début du « travail » sur soi, cela fasse remonter des choses à votre conscience. C'est normal et l'invitation est à l'accueil de ce qui vient en se recentrant sur la Paix qui est toujours là derrière le personnage.

Revenez au chapitre de la Paix à chaque fois que cela se produira pour ne pas vous accrocher à ce qui remonte. Plus vous le ferez, plus cela deviendra facile de voir le jeu pour le laisser glisser.

P : Coucou Steph, je te partage ce qui m'est venu aujourd'hui avec insistance, ça pulse ! Une semaine s'est écoulée, hier et aujourd'hui j'ai été fortement connectée à vous. J'ai revécu notre, nos rencontres comme si j'avais retrouvé ma famille d'âme, mes frères et sœurs de cœur et dont mon âme attendait les retrouvailles depuis des éons (c'était si fluide entre nous) !

Voilà pourquoi je suis, j'ai été si bouleversée, c'était si fort (j'ai beaucoup pleuré au moment de vous quitter, un peu de tristesse bien sûr, mais c'était surtout des larmes de Joie, de Bonheur) !

Je sais, ça paraît fou tout cela ! J'ai fait, grâce à toi, Magali, Jeanne, Jean-Marc et certainement toutes ces belles âmes du dimanche, un grand pas en avant, un « saut quantique » sur mon chemin d'éveil, d'évolution (même si vous ne le savez pas, sauf toi maintenant !).

Sur une semaine, je me sens différente, ma fréquence vibratoire a dû changer, tout bouge autour de moi, les prises de conscience, la relation avec ma fille, ma famille, mes collègues… Mes peurs, mes doutes s'atténuent, c'est magnifique !

Je suis en train de cicatriser tout doucement les blessures que je porte dans mon cœur ! J'éprouve tant de gratitude, de Joie pour la Vie, pour ce qu'elle m'offre de beau, de bon, et je savoure, j'accueille ce qui se présente. Mon cœur déborde d'Amour ! Voilà, Steph, mon ressenti. T'inquiète pas, je suis bien ancrée en t'écrivant ! Merci de me lire. Des bisous.

S : C'est super, je suis content pour toi. Continue dans ce sens, prends confiance…

Note : Sur le chemin du retour vers Soi, il vous arrivera certainement de faire de plus en plus de belles rencontres qui vous sembleront familières.

L'invitation étant de s'ouvrir au monde, de vous autoriser de nouvelles relations, de ne pas vous enfermer dans une solitude qui peut être un bien temporairement, mais pas sur la durée.

Nous sommes toutes et tous des soins les uns pour les autres, des sources d'éveil et de retour au Soi. Offrez-vous cela. Il suffit de prendre contact d'une manière ou d'une autre, peut-être en vous mettant au yoga ou qi gong, ou à une activité artistique ou autre. Laissez émerger ce qui vous fait envie. Les rencontres seront bien souvent un bonus inespéré. Voyez le beau chez l'autre et accueillez.

P : Coucou Steph. Je partage avec toi mon état d'âme. Je suis joyeuse, heureuse ! Après ces petits passages douloureux ! La confiance s'installe… Merci la Vie, merci à toi, aux Êtres là-haut ! Gratitude ! Ce matin, quatre fois le « 777" ! J'adore ! Des bisous.

S : Super ! je suis heureux pour toi.

Note : Souvent, sur le chemin, tant que le basculement n'est pas atteint il y aura ces périodes de hauts et de bas ; continuez dans tous les cas à observer, continuez à méditer, à faire les différentes pratiques jusqu'à ce que tout s'éclaire de plus en plus.

Si vous êtes présents à vous-même, vous verrez certainement aussi des messages de vos guides ou du Vous envoyé par Vous et pour Vous selon votre point de Vue :-)

Cela peut se manifester par des séries de chiffres, des heures-miroir, des messages dans les chansons, des réponses qui apparaissent de manière inattendue… Prenez en conscience et souriez, remerciez simplement pour ces clins d'œil de la Vie que Vous Êtes et la bienveillance que vous êtes en train de vous offrir, car c'est bien Vous avec Vous et *pour* Vous.

Plus vous serez bienveillant avec Vous, plus cela apparaîtra clairement dans l'expérience par ce genre de petites choses magiques qui vont éclairer le chemin.

P : Coucou Steph, j'espère que tu vas bien ? Ce matin en attendant ma fille j'ai continué ma lecture de La Prophétie des Andes, et wouah le passage de la page 182 à la page 197, quelle révélation ! Libérer les mécanismes de notre enfance liés à ceux de nos parents, et pourquoi nous les avons choisis, et le but de notre vie !

C'est magnifique, tout prend sens, s'éclaire, j'en suis très émue, je pense profondément que je le savais, mais le fait de l'avoir lu, ça renforce cette conviction ! J'aime partager, échanger avec toi, car je sais que tu sais et que tu comprends. Voilà mon ressenti à cet instant ! Merci beaucoup de me lire.

Des bisous.

S : Je t'embrasse.

Note : Vos lectures, les vidéos que vous allez visionner, tout ce qui se présentera à vous dans l'expérience ne sera qu'une mise en lumière de ce que vous savez déjà au plus profond de Vous.

Vous allez le Voir de plus en plus, le ressentir de plus en plus, comme si vous aviez écrit le livre que vous lisez, ce qui, en quelque sorte est le cas, c'est bien une partie du Vous, du Soi, du Tout, du Un qui a mis sous forme d'écrits ou autres dans la matière ce que vous mettez en lumière intérieurement.

Tout cela est en même temps, l'intérieur et l'extérieur ne font qu'un, une seule image de l'instant sur la boule de Tous les Possibles. Ainsi, chaque fois que vous mettez à jour quelque chose à l'extérieur, dans l'expérience, ce n'est que le reflet de ce qui correspond à cela à l'intérieur qui n'est pas séparé et qui forme l'image Une de l'instant.

Respirez et ressentez cela…

P : Coucou Steph, j'ai visionné cette vidéo (le lien était fourni dans la discussion) qui confirme ce que tu nous a déjà transmis, la « boule de Tous les Possibles », c'est top !

S : Coucou ! Oui c'est comme je le ressens, sauf qu'au bout d'un moment, quand c'est intégré, *vraiment*, alors il n'y a plus rien à « nettoyer ».

On s'aperçoit que Tout Est là en même temps et que, étant la Source de ce que je vois et vis, alors je choisis ce que j'expérimente simplement sans être obligé d'aller nettoyer quoi que ce soit.

C'est juste une croyance de plus d'avoir besoin de nettoyer pour pouvoir enfin choisir… On peut choisir tout de suite sans rien modifier dans les autres vies et autres mémoires. Les Séances EDL par exemple, on m'a bien fait modifier mon discours, car on se libère de l'attachement aux mémoires, tu vois, c'est juste un lien qui est en fait une croyance qui nous relie à elle.

Bref, je ne sais pas si c'est bien clair…

P : Si, je comprends, sauf ton dernier paragraphe… ! Je me dis que tu dois ressentir beaucoup de Paix en toi pour être et choisir ce que tu veux expérimenter sans être parasité par ton mental, tes croyances…

Et quand les mémoires arrivent, on fait quoi ?

S : Les mémoires, c'est Toi à un autre endroit sur la boule de tous les possibles. Tu y es reliée, car ça fait partie de l'expérience que tu goûtes à l'endroit où tu es maintenant.

Il arrive un moment, quand tu avance vers la conscience de Qui Tu Es, et donc de ce fonctionnement, où tu vas voir les choses différemment, et ces liens vont se dissoudre si l'on peut dire.

Et là, oui, tu ressens cette Paix. Car la conscience de ce que tu es ne peut laisser émerger aucun lien « émotionnant » vers les autres Toi. Les liens disparaissent. On va tous vers ça, c'est le retour à Soi tout simplement.

Je sais ce que c'est de souffrir, être attaché à des mémoires, car je l'ai vécu aussi. Mais plus j'avance, plus je choisis cet endroit de Paix et de pure conscience, et plus c'est facile, car on ne peut pas perdre ce qui est acquis en conscience. Et c'est exponentiel.

Enfin, quand je dis qu'on ne peut pas perdre l'acquis, si c'est possible, mais pas sur la ligne de temps où l'on est aujourd'hui sur la boule de tous les possibles.

Oups, je t'en fais de la lecture… lol.

P : C'est cool merci (je pleure, je ne sais l'expliquer), je me rends compte que j'ai encore beaucoup beaucoup à intégrer et que j'aspire tellement tellement à vivre et ressentir cette Paix, j'ai l'impression que mon âme attend cela depuis des lustres !

S : Laisse sortir et accueille ces pleurs avec Joie et compassion. Tu es beaucoup plus proche que tu ne le crois de cette Paix.

Je te vois, tu sais, tu vas très vite, alors savoure chaque instant de ce chemin. C'est vraiment le plus important, savourer ces instants, même les moments de souffrance, car ils font partie de ce chemin merveilleux.

P : Plus je te lis et plus je pleure, c'est fou ça, merci merci, c'est vers toi que je me tourne et je ne sais pourquoi, peut-être avons-nous vécu les mêmes souffrances ! Et je sais qu'il n'y a pas de hasard.

Je voudrais ne plus souffrir et j'ai du mal dans ces moments-là à être dans la Joie, mais je rebondis toujours très vite, je n'y reste pas longtemps ! Je m'aperçois que oui en effet, j'avance…

S : N'oublie pas de t'inclure dans tes mercis.

P : Ah oui, c'est vrai.

S : Ça aussi c'est important. Quand tu dis merci à quelqu'un ou quelque chose, n'oublie pas que c'est Toi au final qui Te fais ce cadeau. Il n'y a que Toi partout et c'est magnifique.

P : Et bien ça c'est merveilleux à lire, merci à toi, à moi, de ce joli moment de partage, tu es et resteras mon petit ange à moi !

S : :-)

P : À très vite ! Merci merci.

Note : N'hésitez pas à revenir au chapitre de la boule de Tous les Possibles et à Qui Je Suis pour bien en saisir la profondeur et l'observer véritablement dans l'expérience, dans le vécu ici et maintenant.

P : Coucou Steph. J'ai fait la séance EDL de jeudi dernier ce matin, mon esprit m'a emmené au week-end en Normandie, c'était top !

S : Cool :-)

P : Je ressens une explosion de Joie et d'Amour, je me découvre encore et encore, je ne savais pas que j'avais autant d'Amour en moi !

C'est merveilleux ! Je ressens mon cœur en expansion qui devient grand comme le Monde ! C'est fou !

Pendant la séance, je nous voyais tous formant une immense ronde main dans la main ! C'est magnifique tout ce qui se présente à moi… !

S : Savoure tout ça et rayonne-le simplement, c'est chouette.

Note : Le fait de faire les Séances EDL et autres régulièrement nous permet de nous connecter à Qui Nous Sommes, à cette Paix, cet Amour et cette Joie. Plus on s'implique sincèrement, plus cela s'installe dans le vécu de tous les jours et plus la Vision change.

Je ne saurais que vous inviter à pratiquer autant que possible, ne serait-ce que prendre le temps de quelques respirations profondes les yeux fermés pour vous recentrer et revenir à l'intérieur, ressentir la Présence derrière le personnage…

P : Coucou Steph, tu as quelques minutes, j'aimerais te parler d'un truc.

S : Oui, OK.

P : Hier ma chef a pété un câble, j'ai eu une altercation ! Et ce qui me confirme que j'avance et que je me respecte, c'est que j'ai sorti ce que j'avais à dire sans tremblement dans la voix (comme tu sais).

S : Et comment tu te sens ?

P : Wouah, soulagée !

S : OK, très bien alors.

P : Ouais, on verra la suite… lundi, mais tu vois, cela aurait été quelques années en arrière, c'était juste pas possible. J'ai senti qu'elle a été très surprise de ma réaction.

S : Oui, c'est normal, tu as changé, tu es plus forte.

P : Oui ! Il faut savoir que c'est une personne perverse narcissique, et comme tu sais nous sommes le miroir les uns avec les autres, ça veut dire que j'ai aussi cela en moi… ! Ça, c'est moins cool.

Hier en rentrant je suis allée voir les photos du pique-nique et ça m'a fait beaucoup de bien, ça a remonté mes vibrations et c'est cool !

Hier j'avais un peu de colère, mais aujourd'hui je dis merci à la Vie d'avoir mis cela sur mon chemin, j'ai encore grandi, et très certainement elle aussi ! Je lui envoie tout mon Amour, je sais que tout est juste à chaque instant et comme je sais cela, ça m'aide et ça change mon regard sur ma Vie.

Je te donne de la lecture hihi ! Je te remercie de me lire, je pars en week-end chez mes parents. Je t'embrasse fort et te dis merci encore et encore d'être sur mon chemin, tu as contribué à mon changement intérieur et ça n'a pas de prix. Enfin, merci d'être qui tu es tout simplement !

S : Désolé, j'étais en ligne… Me revoilà.

Attention à l'histoire du miroir, si tu es en relation avec un manipulateur pervers narcissique, cela ne veut pas dire que tu as ça en toi, même si on l'a tous de toute façon, mais plutôt que tu les attires par une dépendance affective.

P : OK, mais je ne comprends pas bien la dépendance affective dans ce cas-là ?

S : Les manipulateurs pervers narcissique sentent la faille, ton manque d'Amour pour toi, ils se servent de cette faille pour te toucher.

P : D'accord.

S : C'est quand on n'a plus cette faille qu'ils nous laissent, car le jeu ne fonctionne plus.

P : Bien, je pense qu'elle l'a bien compris.

S : Lorsque l'on s'aime vraiment, ils ne peuvent plus rien alors ils vont voir ailleurs, car c'est leur manière de se nourrir d'énergie.

Je connais bien le sujet, j'étais dépendant affectif et j'en ai attiré pas mal avant de comprendre. Mais ils sont merveilleux pour nous faire travailler sur cette dépendance et sur cet Amour de Soi.

P : Oh oui !

S : On peut les remercier pour ça.

P : Yes.

Note : Comme Patricia, vous allez certainement observer des changements dans vos fonctionnements, vos relations avec les autres… C'est normal et l'invitation est plutôt à l'observation de ce qui se passe plutôt qu'au jugement de soi ou des autres.

Vous allez peut-être voir des personnes de votre entourage s'éloigner de vous et de nouvelles personnes arriver, cela correspond simplement à votre vibration. Vous ne pouvez pas garder la même expérience projetée à l'extérieur si vous changez de vibration. Cela pourra peut-être vous perturber un peu au début, mais ne résistez pas, laissez émerger votre nouvelle projection de la Vie.

Enfin, plus vous serez solide intérieurement, plus vous serez le véritable Vous, plus vous serez bienveillant et aimant avec vous et plus les relations toxiques disparaîtront. Observez cela simplement.

P : Coucou Steph, dès que tu as un moment et si tu le souhaites, j'aimerais échanger avec toi ?

S : Coucou. Comment vas-tu ?

P : Bien, attends je vais sur mon PC, et toi, ça va ?

S : Oui ça va super, merci.

P : Déjà, merci pour hier, je me suis sentie apaisée au travail, ça fonctionne bien les pensées… ! Et c'est top.
Tout est énergie et la distance n'existe pas !

Note : Patricia m'avait demandé de lui envoyer mes plus belles pensées la veille…

S : Oui !

P : Yes ! Maintenant, je voulais savoir comment tu te sentais au retour du pique-nique ?

S : Maintenant, ça va, je suis bien. Tu t'es sentie comment, toi, cette fois ?

P : Super bien, pas de blues ni de pleurs !

S : Super !

P : Par contre, peux-tu me dire si c'est moi ou si ça fait cela à chacun : au bout de quelques jours, j'ai comme un manque et une envie de revivre tout cela.

S : Il faudrait demander aux autres, mais oui, c'est bon, alors on peut avoir envie de continuer. Après il est bien de pouvoir le Vivre même seule. Ressentir cette connexion, cet Amour et tout sans forcément être en week-end pique-nique.

P : Oui, tu as raison, je sais que c'est possible, je l'ai vécu ce week-end en famille. Ce sont de belles énergies que l'on souhaiterait vivre au quotidien, mais je ne pense pas que ce soit possible ! Tu vois ce que je veux dire ?

S : Si, on peut y venir progressivement. Il n'y a que la croyance que cela n'est pas possible qui peut empêcher.

P : Eh oui, comme toujours !

S : On peut ressentir la Paix même au milieu d'un conflit.

P : Exact.

S : Il n'y a que la réaction à quelque chose qui doit Être Vu qui peut nous perturber. Mais ça aussi, on peut l'accueillir. Et là, il ne reste plus rien, juste l'Être qui se Voit jouer le jeu de la Vie qu'il Est.

P : Mais y a-t-il toujours des émotions ? J'ai l'impression qu'il ne reste plus rien.

S : Si, Il y en a toujours, mais elles sont Vues.

P : La vie est-elle belle tout de même, et non fade ?

S : Non, c'est juste le point de Vue qui change. La Vie continue à se jouer, on ressent, on Vibre, on a des émotions fortes… Mais c'est Vu depuis un autre point de Vue et la réaction n'est plus faite avec un mental qui va ruminer pendant des jours. Vu que tu Vois les choses se jouer tu réagis avec émotion, mais la souffrance par exemple ne reste pas, elle passe en toi mais ne reste pas.

Tu vois ce que je veux dire ?

P : Je comprends. C'est génial.

S : On ne cherche pas l'anesthésie. On peut même Vivre les choses de manière plus intense au contraire, mais cela est plus fluide. C'est juste la conscience de Qui tu Es Qui change la donne.

P : Ça me rassure.

S : Oui, lol. C'est pas facile à exprimer, cet état.

P : Car il fut un temps où je ne ressentais plus rien, plus d'émotions, et j'avais perdu cette Joie qui me caractérise.

S : Oui, ça, c'est l'anesthésie pour ne plus souffrir.

P : Oui je comprends.

S : Yes.

P : Et j'avance, j'avance.

S : Oui, tu avances très vite. Continue vers la confiance dans la Vie et donc en Toi.

P : Oui.

S : C'est ce qui va te permettre de lâcher de plus en plus de peurs et c'est là que tout se libère. C'est ça « se libérer et vivre la magie de la Vie ». Tout Est là.

P : Tout à fait, je me suis surprise dernièrement à dire que j'avais plus confiance en la Vie qu'en moi, et en fait la Vie est en moi et tu viens de me le confirmer, merci.

S : C'est Toi, la Vie.

P : Yes.

S : Elle est pas en Toi, c'est Toi. Reviens toujours à : « Il n'y a que Toi avec Toi et pour Toi ». C'est pas une blague, hihi !

P : Le TOUT avec le TOUT et pour le TOUT.

S : Il n'y a que Toi, avec tous les autres qui sont Toi et qui jouent le jeu parfait pour Toi.

P : Merci.

S : Tu as mis Qui dans le « merci » ?

P : Toi et moi !

S : Car je suis Toi envoyé par Toi pour Toi.

P : Oui, je me souviens.

S : Ressens-le Vraiment.

P : C'est un truc de ouf !

S : Ressens que tu es le Tout et que le Jeu c'est de te retrouver dans tout.
De ressentir ça, c'est très puissant.

P : Il me faut « méditer » là-dessus.

S : Oui, tu peux.

P : J'ai besoin de temps.

S : Mais tu sais le truc de « ouf », c'est d'avoir réussi à oublier ça. Imagine un peu réussir à oublier que tu es Tout. C'est énorme.

P : Oui, on est là pour se rappeler !

S : On a de la chance Vivre ça. Oui.

P : Oui, surtout en cette période.

S : C'est une explosion de Joie que de se retrouver.

P : Oh oui, j'y suis bientôt !

S : Sens-la frémir en Toi. Réjouis-toi.
« Heureux celui qui croit sans Voir. » C'est une phrase importante car cela demande une foi importante. Et c'est la clé, car le bonheur apparaît quand on y croit sans le voir. On ne peut se diriger vers lui que si on le vibre déjà, et pas l'inverse. On est montés à l'envers sur Terre, lol !

P : Tu vois cette explosion de Joie, je l'ai ressentie très fortement quand vous êtes venus chez moi. J'ai la Foi, Stéphane.

S : On cherche partout à l'extérieur pour remplir l'intérieur alors que c'est l'inverse qui fonctionne.

P : Oh que oui, je l'ai bien intégré.

S : On se remplit d'Amour de l'intérieur sans raison et l'extérieur bouge tout seul. C'est à ça que servent les Séances EDL.

P : Tu vois, je sais que quelque chose de beau, de bon, est sur mon chemin, je ne sais pas quoi, mais j'en suis convaincue, toutes les petites graines que j'ai semées par-ci par-là me reviennent, ça a commencé déjà avec notre rencontre, c'est ça, la Foi.

S : Ressentir l'Amour depuis l'intérieur sans raison et être capable de se remplir de cet Amour, de le rayonner. Oui, c'est ça la foi.

P : Ça je sais, et j'ai tellement envie de donner de l'Amour et quand je vois les autres qui sont moi et qui ne vibrent pas cela, qui ne se sont pas encore réveillés, c'est pas facile.

Tu parlais d'explosion de Joie, ce que je ressens, mais je ressens aussi une explosion d'Amour, et ça c'est magnifique !

S : Pourquoi c'est pas facile ?

P : J'ai l'impression de me retenir.

S : Tu ferais quoi si tu ne te retenais pas ?

P : Eh bien, déjà je prendrais mes enfants dans les bras.

S : Et qui te dit que ce serait pas bien ?

P : C'est pas ça, c'est qu'ils ne veulent pas, ils ont grandi.

S : Oui, je comprends, mais ça peut revenir.

P : Oui, j'accepte.

S : Il y a l'adolescence, c'est une période pas toujours facile, mais après ça peut revenir. Surtout si on ose de plus en plus Être Soi.

P : Oui, ça bouge tout de même à grande vitesse !

S : Oui.

P : Bon eh bien jolie discussion ! Hihi je pourrais parler des heures !

S : Yes !

P : Coucou, je me sens perdue… à ne plus savoir qui je suis… !

S : Coucou.

P : Ça va, toi ? Tu as un peu de temps ?

S : Je suis en voiture. Que se passe-t-il ?

P : Je voulais papoter un peu, mais quand tu seras dispo, pas de souci ! Et je sais que c'est le week-end et que tu es en famille !

S : OK, je t'envoie une vague d'Amour.

P : Merci merci !

Un jour plus tard :

P : Coucou Steph.

S : Coucou.

P : Je vais mieux.

S : Bien.

P : Je ne sais pas si ce sont les énergies du moment, cette pleine lune, mais j'ai eu l'impression de vivre « la nuit noire de l'âme » ! Ça fait peur, et mal, de ne plus être en alignement, du coup.

S : Il y a des passages comme ça. Dans ces périodes il est bon de savoir avec certitude que c'est un passage, et d'attendre en étant le plus possible dans l'accueil.

Goûter aussi ces moments, car tout se goûte.

P : J'ai l'impression de faire un pas en avant et deux en arrière.

S : Tu as bien fait de dire « impression », car tu ne fais qu'avancer. Même quand tu as cette impression de reculer, en fait c'est là que tu avances le plus !

Ce sont les moments de doute, de douleur, aussi, qui nous font avancer, car cela nous pousse à conscientiser des choses, à aller au-delà et Voir un peu plus Qui l'on Est Vraiment.

P : En quoi toi tu vois que j'avance ?

S : Au-delà de l'illusion du mental. Comment peux-tu en douter ? Hihi :-)

Je le Vois, tout simplement. Et je ne suis pas le seul, les gens t'ont trouvée transformée à la dernière rencontre, tu rayonnes de plus en plus et tu Vois mieux les choses.

Le mental veut encore douter, c'est normal, mais tu ne peux pas reculer, car on ne peut enlever de la conscience. Tu es de plus en plus consciente, alors oui tu peux avoir des périodes plus compliquées, mais cela ne t'enlève Rien.

Accueille-Toi dans ta totalité. Aime-Toi dans ta totalité. Les moments difficiles sont à Aimer aussi.

P : Merci, tous tes mots me touchent !

S : Le truc c'est que l'humain souhaite uniquement le « bien ». Et dès que quelque chose de compliqué se Vit, alors il trouve que cela n'est pas normal et que c'est dérangeant. Or, en faisant cela, non seulement on renforce la puissance du moment difficile, mais en plus on se rejette. On rejette la partie de nous qui cherche à s'exprimer. C'est le rejet, le jugement et la résistance de ce qui se vit qui en fait un moment difficile.

Tu vois ce qui est dit ici ?

P : Oui je Vois, je sais que la Lumière que l'on est et que l'on rayonne est plus forte que l'ombre. Pourquoi on attire l'ombre ? Je pense au bureau où je me suis sentie « soulagée » comme je t'ai dit, il y a eu un peu d'accalmies, mais elle m'a grave perturbée, et c'est là que je ne sais plus comment agir ou réagir !

S : Pourquoi attirer l'ombre ? Mais l'ombre c'est aussi nous, on ne l'attire pas, pas plus que la Lumière d'ailleurs. On Est ombre et Lumière. L'ombre est aussi Lumière.

P : Une fois nos parties sombres Vues et reconnues, pourquoi ça revient ?

S : C'est comme le « bien », le « mal ». Prenons l'exemple de l'arc-en-ciel. Il y a toutes les couleurs dedans, on peut préférer une couleur, mais si on s'amusait à supprimer les couleurs qu'on aime moins alors l'arc-en-ciel ne serait plus complet.

On Est le Tout. Le Tout comporte ombre et lumière. Tu ne peux pas enlever l'ombre, ce serait comme te couper un bras juste parce que tu le trouves moins bien depuis un point de vue subjectif du mental.

Donc oui, il y a l'ombre, mais elle n'est pas à éliminer ni à rejeter. Il y a le Tout, ombre et lumière, et tu es ce Tout. Tu peux choisir la lumière, mais sans rejeter l'ombre.

P : Yes !

S : C'est important d'arriver à Aimer l'ombre autant que la lumière. Après, bien sûr, on choisit ce qu'on souhaite goûter, mais si l'ombre se présente on l'accueille avec Amour. Je sais que cela peut paraître étrange au début, mais essaie. Tu sais il y a beaucoup de choses qui sont mal comprises comme : « Nous sommes Tous Un ».

« Nous sommes tous Un », ça veut bien dire que nous sommes tous le Un. L'ombre est aussi incluse, l'ombre et la lumière font le Un. Ce n'est pas « nous sommes tous Un sauf les méchants », lol.

P : Je sais ça, c'est pour cela que c'est si difficile pour moi, regarde en pratique comment Être face à une personne que tu as envie d'aider, alors que que c'est juste pas possible.

S : Nous sommes tous Un et chaque Un est à Aimer. Qui veut aider Qui ?

P : Moi par effet miroir, c'est moi ! C'est ça !

S : Il n'y a pas à vouloir (mental) que tout le monde soit « bien ». Ce serait empêcher l'expérience, Tous les Possibles. Si tu as en face de toi une personne qui est venue expérimenter la souffrance, tu ne peux pas l'aider sauf si elle te le demande et que cela doit être ainsi.

La seule et unique chose que tu peux faire c'est Être Toi.

P : Oh là là, c'est pas simple, mais juste, je comprends et je sais !

S : Si tu es bien avec Toi et que tu rayonnes Qui Tu Es, alors c'est parfait. Il n'y a rien d'autre à faire.

P : D'acc », on en revient toujours à « je suis moi, avec moi et pour moi » ! Le Tout avec le Tout et pour le Tout.

S : Tu sais, parfois, quand je suis en consultation avec des personnes, pendant une Séance individuelle l'âme de la personne me dit stop à un moment, et j'arrête, car on ne doit pas aider par force.

P : Oui.

S : Ce serait aller contre le libre arbitre de la personne. Et ça ne servirait pas.

P : C'est mon mental/ego qui bloque, je pense.

S : Cela s'est produit avec mon épouse. Une fois, je l'aidais lors d'une Séance, et hop son âme me dit stop, ne va pas plus loin, elle doit faire le reste elle-même.

P : Oui, laisser l'expérience se faire !

S : Alors, oui le mental/ego aimerait faire plus, mais le plus bel acte d'Amour est de respecter le choix. Alors on se sent bien car on respecte le plan dans l'Amour.

P : Ça me fait penser à l'Amour Inconditionnel !

S : Quand on a conscience de ça, on ne souffre plus en voyant l'autre. Oui c'est ça. On revient toujours à Soi, rayonner et Aimer sans juger.

P : Oui, c'est beau en fait la Vie, le Jeu de la Vie, même si on trébuche, on avance !

S : Car l'autre, c'est aussi Soi, mais on a pas à vouloir que les autres soient comme nous. Chaque expérience a sa place, on ne peut pas vouloir que les autres soient comme nous ou goûtent la même chose.
Oui c'est magnifique.

P : C'est merveilleux ! Il est peut-être temps d'aller déjeuner, qu'en penses-tu ? Merci pour TOUT, je vais relire tout cela, c'est magique ! Merci d'être là ! Ah oui, c'est à moi aussi que je dis MERCI, hihi !

S : Merci, je t'embrasse.

P : Moi aussi ! Ça m'a fait beaucoup de bien !

Note : Sur le chemin du basculement, il y aura certainement des moments plus compliqués que d'autres ; revenez le plus souvent possible à « Qui Je Suis », trouvez votre point de Paix avec ce qui se joue dans l'instant en ayant foi et sans savoir où cela vous mène.

Simplement, attendez-vous au cadeau derrière l'instant souffrant sans l'attendre. Oui c'est bien cela :

S'y attendre sans l'attendre.

Comme l'enfant qui s'attend à trouver le cadeau sous le sapin le jour de Noël, il le sait, le cadeau sera là il n'y a aucun doute.

Enfin nous touchons au sujet qui pose souvent problème, vouloir sauver le monde et les « autres ». Les expériences sont les expériences, un proche peut être dans la souffrance, cela ne veut pas dire que l'on devrait l'obliger à être heureux. Bien sûr, on peut l'aider s'il le demande, on peut même l'inviter à accepter de l'aide, mais cela devrait venir de l'Être et pas depuis le personnage qui « veut », qui déciderait à la place de l'autre sous prétexte que c'est « pour son bien ».

On ne peut pas aider qui ne le souhaite pas. Vous ne pouvez pas décider à la place de l'autre quelle doit être sa vie dans l'expérience, que ce soit « pour son bien » ou pas. Là encore, si cela m'arrive, je peux observer qui est en train de « vouloir », qui croit qu'il faut que… Ce sera le personnage et le reflet d'une non-Paix avec ce qui est.

Je peux donc dans ce genre de cas observer ce qui se joue, revenir à la Paix sans condition avec ce qui Est. Ensuite, et depuis cet espace de Paix qui ne « veut » plus rien pour « l'autre », simplement rayonner le Qui Je Suis. Bien sûr dans certain cas l'Être invitera à rayonner son aide, mais cela sera depuis la justesse du Cœur.

Rayonner son propre bonheur est l'aide la plus puissante qui puisse exister. Souffrir avec « l'autre » ne fait qu'ajouter de la souffrance à la souffrance.

P : Coucou Steph !

S : Coucou !

P : Steph, wouah, je voulais partager mon enthousiasme avec toi ! Je viens de visionner une conférence sur le libre arbitre, quelle synchronicité, c'est une continuité de notre échange ! J'aime ces petits clins d'œil de la Vie et il n'y a pas de hasard ! Reste à digérer le truc, c'est costaud, mais ça a bien éclairé ma conscience ! Des bisous.

S : Bisous !

Note : Si l'on est bien Présent et que l'on se laisse guider par la Vie que l'on Est, ce genre de synchronicité se produit de plus en plus souvent. Observer sans chercher enclenche cette magie des manifestations parfaites au moment parfait. Au bout d'un moment on pourra même être submergé de ce genre moments magiques, avec cette impression de plus en plus forte que l'Univers conspire pour que tout arrive parfaitement.

En fait, comme il n'y a que Soi avec Soi et pour Soi, on pourra simplement remarquer que plus on est en Amour avec Soi, plus on est dans la bienveillance avec Soi, plus la Vie que nous Sommes l'est aussi dans l'expérience.

L'extérieur n'étant que le reflet parfait de mon état d'Être intérieur si je m'aime et si je suis dans la bienveillance absolue avec moi, alors ce que je crois être séparé de moi – mais qui ne l'est pas – sera aussi dans cette bienveillance, et ma vie, mon expérience deviendra magique.

P : Coucou Steph…

S : Coucou ! Comment vas-tu ?

P : Super bien, et toi ?

S : Super, merci.

P : Je suis rentrée à la maison. J'aime ce moment de liberté.

S : Oui, c'est bon de se retrouver avec Soi.

P : Oui, cela permet de prendre du temps pour soi et faire ce dont on a envie ! C'est chouette !

S : Oui, il faut en profiter pour t'occuper de Toi, te faire des cadeaux.

P : Yes, sauf que je n'ai pas l'habitude… Et qu'entends-tu par cadeaux… Accueillir ce qui vient… ?

S : Non, je pense à *te* faire des cadeaux comme aller te faire masser, aller au resto seule rien que pour toi, t'offrir des moments de bonheur rien que pour toi… Et surtout les savourer, le faire en conscience de se l'offrir à soi.

P : Tiens, en parlant de massage (j'adore), mes enfants m'en ont offert un pour mon anniversaire, mes larmes coulaient toutes seules, le fait que l'on prenne soin de moi, et j'ai savouré ce moment, c'était génial !

S : J'ai donné des exemples, ça peut être toute autre chose, mais cela doit être quelque chose qui te procure beaucoup de plaisir et que tu n'as pas le temps de faire habituellement ou que tu n'oses pas t'offrir seule.

P : Oui, je comprends !

S : C'est vraiment ce sentiment de prendre soin de soi, de se faire plaisir de prendre du temps pour soi. Fais-toi des cadeaux chaque jour, profite de cette Vie qui t'est offerte. Il n'y a rien de plus important.

P : Oui oui, regarde, cet après-midi j'ai une amie qui vient boire un café (elle était au pique-nique Béthune) et je suis ravie, je sais que nous allons passer un super moment, nous parlons le même langage… ! Je te lis et j'en prends conscience, merci !
Dimanche, invitation à un pique-nique chez une autre amie connue grâce au Grand Changement, tu vois, la magie de la Vie opère… !
Tu arrives à faire cela, toi, tout le temps ?

S : Oui, je me prends toujours un temps rien que pour moi.

P : Cool !

S : Même si c'est juste savourer un moment seul dans la nature. Tu vois, là, tu as parlé de rencontres avec des amies, mais pense aussi à des choses seules. On n'a pas l'habitude de se faire des cadeaux rien qu'à soi.

Je ne dis pas que rencontrer une amie ne compte pas, mais pense aussi à des moments de toi à toi, en conscience de te les offrir. Ce n'est pas la même vibration. Tu sens ?

P : Oui.

S : Parce que le cadeau de soi à soi, c'est très puissant.

P : Ce n'est pas encore totalement intégré !

S : Et c'est ce que bien souvent l'éducation nous invite à ne pas faire, ou elle nous fait nous sentir coupable de le faire.

P : C'est juste.

S : S'offrir un cadeau, c'est s'aimer. C'est pour ça que c'est pas facile.

P : Eh oui, le but de toute cette Vie ! Apprendre à s'aimer et aimer !

S : Alors vas-tu t'aimer, Patricia ?

P : Eh bien, j'y travaille, Steph.

S : Peux-tu te regarder dans le miroir droit dans les yeux et te dire je t'aime ? As-tu déjà essayé ça ?

P : Non, mes parents ne me l'ont jamais dit… ! Et j'ai grandi avec ce manque d'Amour !

S : Alors peut-être que ton cadeau aujourd'hui serait d'aller devant le miroir chez toi, de te regarder droit dans les yeux avec Amour et de te dire « je t'aime Patricia » trois fois. Tu devrais te faire ce cadeau.

P : Oui, merci, je vais le faire !

S : Un petit conseil : prends des mouchoirs :-)

P : Hihi ! Avant de le faire, rien que de te lire, je pleure déjà… !

S : Oui, c'est normal. Raconte-moi quand tu l'auras fait.

P : Oui. Tu sais, j'ai eu une enfance et une adolescence si douloureuses… ! C'était une grande souffrance et je ne comprenais pas !

S : Oui, et maintenant c'est différent.

P : Je sais.

S : Seul le présent compte.

P : Oui. J'ai fait ce pardon.

S : Et aujourd'hui tu peux lâcher l'ancien et exprimer l'Amour pour toi.

P : Le pardon et l'acceptation, je les ai travaillés, et quand je dis que j'adore mes parents, je le ressens vraiment, mais ça a pris énormément de temps ! Et c'est vrai que les émissions ont contribué à cela.

S : C'est bien que tu adores tes parents, maintenant à ton tour ! Adores Toi.

P : Ouais. Ce n'est pas un Oui franc à l'instant T.

S : Oui, je vois. Si tu arrives à adorer les autres Toi que Tu as projetés dans Ton expérience, alors pourquoi ne pas Aimer aussi le Toi ?

P : Ah oui, je ne le voyais pas ! Merci.

S : Voilà, c'est mieux comme ça ?

P : Yes, et pourtant je sais tout ça !

S : Oui, Tu te le rappelles à travers moi.

P : Merci.

S : Car moi, c'est Toi envoyé par Toi, n'oublie pas.

P : Oui oui, je relis souvent tes écrits.

S : D'ailleurs, je voudrais te demander si tu es OK que je reprenne nos échanges pour les partager ? Sans te nommer bien sûr.

P : Oh oui, bien sûr ! Ça me fait plaisir.

S : Je peux utiliser quoi comme nom ? Patricia, c'est bon ?

P : Oui.

S : OK, car je ressens l'utilité de partager ça depuis un moment.

P : Et où je pourrais les lire ? Ce serait cool pour moi.

S : Je sais que nos échanges sont aussi pour ça, car je suis habité quand on le fait.

P : Justement, l'idée m'est venue : pourquoi nous nous sommes rencontrés, pourquoi es-tu sur mon chemin ?

S : OK, je vais reprendre depuis le début et on va voir pour le partager, ce sera cool. Merci pour ton autorisation.
Bon je t'embrasse, je vais faire à manger aux enfants. Bisous, et n'oublie pas le miroir. C'est Ton cadeau aujourd'hui.

P : D'acc », bon appétit, et quand tu veux, tu reviens, et si tu peux répondre à ma question : pourquoi es-tu sur mon chemin ?

S : Je suis sur ton chemin, il n'y a pas de pourquoi. On en reparlera certainement.

P : Bon, ça me va, il ne faut pas se prendre la tête à toujours chercher le pourquoi, c'est le mental.

Note : L'Amour de soi véritablement ressenti et vécu dans le quotidien est très important, on ne peut pas Aimer les « autres », qui sont Soi au final, sans avoir un Amour sincère pour soi. Pensez-y et n'oubliez pas de vous faire de jolis cadeaux rien que pour vous.

P : Coucou ! Tu vas bien ? Tu as un peu de temps ?

S : Je vais très bien, merci, et toi ? Oui, j'ai un peu de temps.

P : D'acc », oui je vais bien, merci. Je continue mon chemin de la découverte de moi-même. Hier j'ai fait une nouvelle expérience, c'était un après-midi en pleine conscience sur l'enseignement bouddhiste. J'ai savouré ces moments de Paix.

S : Super. C'est venu comment ?

P : Que veux-tu dire ?

S : L'enseignement bouddhiste.

P : Ah, eh bien, c'est une personne (une amie, maintenant) que j'ai rencontrée au pique-nique Olhain. Elle est dans cet enseignement, elle m'a proposé un pique-nique hier midi, nous étions huit, chacun apportait son repas et on a déjeuné en silence, une première pour moi ! Je ne pensais pas y arriver, ça a duré une demi-heure. Ensuite, partage, balade dans la nature, c'était top ! Et ça a renforcé ce que tu m'as dit, savourer le moment présent… C'était mon petit cadeau du jour. Et je continue le miroir…

S : Super ! Je suis content de voir que les cadeaux continuent. Est-ce que tu ressens mieux l'Amour pour Toi ?

P : Oui.

S : Est-ce que tu ressens de la bienveillance de Toi pour toi dans le quotidien ?

P : Oui, et j'ose verbaliser ce que je ressens avec mon cœur.

S : Génial. Tu avances vite. Tu vas continuer à voir ta vie changer rapidement, car en ayant cette bienveillance et cet Amour pour toi, cela va se manifester de plus en plus. C'est comme une spirale et tu es maintenant dans le bon sens.

P : Oui, mais tu vois…

S : Y a-t-il encore quelque chose qui te dérange ou pose question ?

P :… et bien, je me suis aperçue et je m'aperçois encore que, comme j'ai beaucoup de compassion, je suis de nature gentille… et bien parfois la gent masculine interprète cela comme si je faisais des avances, tu vois ce que je veux dire. Et de plus en étant seule.

S : Oui, je vois, on t'a approchée ? Qu'est-ce qui te fait dire ça, comment ça s'est manifesté ?

P : Eh bien, un gars qui vient chez moi pour me dépanner quand j'ai un souci d'appareil en panne, etc., quand il revient, il s'habille différemment, il se parfume, du coup je n'ose plus le faire venir quand je suis seule, tu vois…

Et un autre ami qui connaît mon ex-mari, nous étions amies son ex-femme et moi.

S : Mais, ils t'ont fait des avances ?

P : Non mais je l'ai ressenti, au pique-nique en Normandie aussi…

S : OK, et qu'est-ce qui te dérange dans le fait que tu sois désirable ?

P : Comment expliquer, ça me flatte (je ne sais pas si c'est le bon mot), mais ce ne sont pas des personnes qui m'attirent.

S : OK, alors il n'y a pas vraiment de problème, non ? Juste peut-être clarifier avec les personnes en question qu'elles n'attendent rien de toi si tu es certaine que ces hommes sont sur la séduction ?

P : Eh bien oui.

S : Cependant, et comme il n'y a que Toi avec Toi et pour Toi, à ton avis, pourquoi tu Te manifestes comme ça ? Qu'est-ce que ça va chercher en Toi ?

P : Je sais pas trop, peut-être une peur.

S : Oui, il y a toujours une peur si ça dérange quelque part. Où en es-tu sur ce terrain d'une relation possible ? Te l'autorises-tu ?

P : Peut-être la peur d'Aimer à nouveau et être rejetée.

S : Ah oui, c'est fort possible.

P : J'ai un nœud à l'estomac.

S : Alors comment peux-tu Voir les choses pour passer au-delà de cette peur ?

P : En fait, je ne pensais pas trop à tout ça, j'avais besoin de me reconstruire, prendre soin de mes enfants, et il n'y a avait pas vraiment de place pour un partenaire dans ma Vie, mais à force d'entendre les personnes me dire qu'ils ne comprennent pas que je sois encore seule, du coup c'est venu à ma conscience et je me suis mise à penser que c'est peut-être le moment. Sans attente.

S : Oui, c'est normal. Tu es sur un chemin de Paix, d'Amour et de Joie. La porte s'ouvre à nouveau car tu t'autorises plus de Toi pour toi. Ça rayonne et ta vie se transforme.

P : Oui et tu vois, voilà ma pensée, il y a sept milliards d'habitants sur cette planète, tout est juste et parfait, et il s'il y a une personne qui veut bien de mon Amour et lui du mien, eh bien cela sera ! Par contre je ressens fortement que je ne peux être amoureuse que d'une personne ayant une grande ouverture du cœur et de conscience !

S : Oui, bien sûr.

P : Attends, je ne suis pas claire, « et Moi du sien » et non « Lui du mien », oh là là ! Hihi.

S : Peut-être que tu devrais tout de même aller voir cette peur ? Peur d'être à nouveau amoureuse et abandonnée. Car tu as de belles choses à vivre à nouveau si tu te l'autorises.

P : Tu sais, j'ai ressenti les fameuses cinq blessures de l'âme, mais en même temps ça a été une grande souffrance.

S : Vas Voir la peur, ressens-la, accueille-la comme un enfant, et offre-lui ton Amour. Rassure-la et laisse-la partir. Quand tu seras en Paix avec cette peur tu vas attirer la bonne personne pour toi.

P : Tu vois, j'ai encore et encore à me guérir…

S : Tu es déjà guérie.

P : Tu crois ?

S : Oui tu l'es, souviens-Toi de la boule de tous les possibles.

P : Ah oui !

S : Tu es guérie et heureuse en couple. C'est juste sur ce point de conscience que tu crois ne pas l'être et tu l'expérimentes. Mais si tu Sais que c'est le cas alors tu peux le ressentir et te diriger vers ce point de conscience où tu l'es. Continues à t'Aimer de plus en plus. Le reste va se « faire » tout seul car seul l'Amour de soi est important. C'est ce qui libère tout.

P : Top ! Tu trouves toujours les bons mots ! Tu es moi à travers moi !

Oui, et J'Aime cette Joie que je rayonne ! Cet Amour et cette Paix ; Paix, Amour, Joie, il n'y a que ça.

S : Voilà pour aujourd'hui, Patricia, n'oublie pas le Cadeau. Continue à ancrer cet Amour de Toi pour toi.

P : D'accord, merci infiniment !

S : Tu as mis toi dans le merci je pense :-)

P : Oui bien sûr !

S : Je t'embrasse.

P : Idem.

P : Coucou Steph.

S : Coucou !

P : Je suis heureuse, je ressens et je vibre cette Paix, cet Amour et cette Joie !

S : Cool. C'est la Vie qui t'envahit de plus en plus.

P : Oui, et je me rends compte que je suis une personne qui aime la simplicité et que la Vie c'est cela ! C'est tellement fort parfois que j'en pleure de joie.

S : Oui, la Puissance Est dans la Simplicité. Quand tu le ressens, tu te rapproches de Toi.

P : Je me sens Magnifique, Belle… !

S : Super.

P : Bon, mon ego est flatté aussi, hihi.

P : Coucou Steph.

S : Coucou.

P : Je me questionne : si je suis le Tout, la Vie, que c'est la seule Vérité, pourquoi cette Vie qui me traverse m'apporte la Joie et un moment après une grande tristesse ? Tout est mouvement, impermanence ? Ça me chamboule un peu tout cela ! Pourquoi cette quête, cette soif d'apprendre encore et encore… et cette envie de partager, d'échanger, de comprendre ? Rhô là là, je t'en donne de la lecture :-)

S : En fait, Tout n'est qu'expérience, il n'y a pas de « pourquoi » comme le mental voudrait que ce soit explicable selon des critères à lui.

Il y a la Vie qui s'exprime, qui se goûte sur elle-même. Il y a l'expérimentation de tous les possibles. Le mental voudrait un « pourquoi », mais dans ton Cœur en as-tu besoin ? As-tu besoin d'un pourquoi dans le fait d'Être ?

Alors oui, la Vie bouge Tout le temps et on passe d'un État à un autre… Et c'est bon ! Oui, on peut expérimenter la Joie puis la tristesse… Et c'est bon !

Le mental juge mais pas le Cœur. L'expérience Est, elle n'a pas besoin de jugement, juste d'être vécue et ressentie.

Cela répond à ton questionnement ?

P : Oui merci, en fait, c'est le mental, il m'appartient de l'apaiser, je vais sortir.

S : Mais en même temps, le mental qui juge n'est pas à juger. Il joue son rôle pour l'expérience.

P : Ouais, mais c'est fou.

S : Il est à Aimer autant que tout le reste.

P : Tu n'as qu'une envie, ton âme a envie de crier STOP !

S : Stop à quoi ?

P : À ne plus avoir toutes ces pensées, tout part dans tous les sens, à se demander pourquoi je crée tout ça !

S : Oui, c'est normal de passer par là. Peux-tu être en Paix avec cette étape ? Peux-tu accueillir aussi cela avec bienveillance et Amour ? Peut-être que tu crées tout ça pour que tu puisses juste passer cette étape de l'expérience.

P : Oui je vais accueillir tout cela dans la Compréhension et dans l'Amour et je prends conscience aussi que l'on ne peut rester trop longtemps seule. En te lisant, c'est une évidence.

Voilà ce qui me vient : qu'est-ce qui fait que tu sois sur mon chemin ?

S : Est-ce que ça te fait du bien ?

P : Oui, énormément.

S : Est-ce que cela te permet d'avancer ?

P : Oui, serais-tu là pour me guider, me guérir ? Si oui tu es mon Ange Terrestre comme je te l'ai déjà dit :-)

S : Alors la raison Est tout simplement que tu as choisi de t'aider de cette manière. Tu Es ton propre Ange et tu as choisi cette manière de Vivre cette expérience. D'avancer sur le chemin du retour à Toi.

P : Il est tout de même assez long, ce chemin, et paraît si près à d'autres moments.

S : Il est éternel.

P : C'est beau, j'espère que lorsque l'on sera de l'autre côté du voile on continuera d'échanger, hihi.

S : Tu le trouves si proche ou si loin, mais c'est une illusion.

P : Eh oui, comment tu sais tout ça, toi ?

S : Je ne sais rien. Je me laisse traverser, ça répond tout seul.

P : Tu es habité, comme tu dis.

S : En fait on a accès à Tout si on se laisse traverser par le Cœur et qu'on fait confiance.

P : Oui, mais mon cœur déborde d'Amour envers moi-m'aime et les autres, et j'ai qu'une envie c'est de le partager, plutôt de l'Offrir.

S : Alors fais-le.

P : Eh bien oui, c'est pour cela qu'il faut que je sorte deux jours de la maison, en fait on ne peut vivre seul.

S : On peut, mais ce n'est certainement pas le choix qui te convient.

P : Encore un pourquoi : pourquoi ai-je autant d'Amour en Moi, il est à la hauteur de mes souffrances, ça doit être encore mon ami le mental qui se pose la question.

S : Hihi, je te répondrais bien : pourquoi pas ? Est-ce que cela t'aide ? L'Amour est partout. C'est la matière de Tout ce qui Est.

P : Mais chez d'autres on ne le Voit pas, pourtant ce sont d'autres Moi.

S : Oui. C'est le Jeu toujours, de tous les possibles. Il y a toutes les versions possibles de Toi. Mais toutes sont Amour. C'est juste l'interprétation à travers le Jeu de l'expérience illusoire qui te propose de Voir de telle ou telle manière.

P : Ben alors si un jour je rencontre quelqu'un, ce n'est pas un autre Moi ?

S : Au final, tu ne peux rencontrer que Toi. Mais dans l'illusion, cela te paraîtra quelqu'un d'autre et ce sera parfait pour l'expérience.

P : Oh là là, mon cerveau est en ébullition.

S : Laisse ton cerveau tranquille :-)

P : Si Toi tu es Moi envoyé par Moi, Moi je suis quoi dans ton expérience ?

S : Pareil. Tu Es Moi envoyé par Moi pour Moi. Et c'est là qu'est la perfection.

P : Ah, je comprends mieux maintenant. Ah oui, et qu'en est-il de la fréquence vibratoire ? Est-ce aussi cela ? Est-ce aussi parce que nous sommes sur la même vibration ou cela n'a rien à voir ? Que je ferais tout de même partie de ton expérience, je veux dire ?

S : Oui, on est une sorte de danse Vibratoire. Et on ne peut facilement danser avec une Vibration trop différente. Même si tout est possible, c'est juste pas adapté. Ou le mot serait plutôt « harmonieux ».

P : Wouah, tout s'éclaire pour moi, tu m'as donné une clé importante. Je suis Toi envoyé par Toi et pour Toi, et tu es Moi envoyé par Moi et pour Moi, c'est énorme ! Je ne le voyais pas, j'avais tellement de « pourquoi ? » !

S : Oui, c'est si simple en fait. Tout est lié. Pour répondre à ton « pourquoi tout ça ? » : est-ce que quand tu vois un enfant jouer, tu lui demandes pourquoi il joue ?

P : Non bien sûr. C'est l'innocence, la spontanéité…

S : Alors c'est exactement pareil. La Vie Joue tous les possibles. Il n'y a pas de pourquoi à pourquoi on Joue, c'est la Joie de l'Être c'est Tout.

P : Et je suis comme l'enfant qui joue, qui s'émerveille !

S : Alors amusons-nous à ressentir…

P : J'aimerais tellement ressentir cela souvent.

S : Tu peux le choisir.

P : Ça paraît si simple, et pourtant c'est moi qui crée, je le sais.

S : Et pourtant ça l'est. « Ça paraît si simple et pourtant ça l'est ». Dis-le à haute voix.

P : Oui.

S : Ton mental va Aimer ça, lol :-) Tu le vois réagir quand on dit ça ? Observe-le et Vois comment il va essayer de te prouver que ça n'est pas aussi simple. Alors tu peux le rassurer et lui dire : « Tu vois tu ne peux pas résoudre cela, mais moi je peux t'y aider si tu reprends ta juste place ».

P : OK, merci.

S : Bon, je vais jouer avec les enfants. À +.

P : Merci pour ces bons moments.

P : Coucou Steph, ça va, toi ?

S : Oui merci.

P : Cool ! Belle journée ! Et ton idée de diffuser nos échanges, tu vas mettre un peu d'ordre dans tout ça ?

S : Oui, je vais m'y mettre. Je vais écrire un livre, je mettrai ce que je reçois depuis des mois et j'ajouterai nos échanges…

P : Wouah, c'est chouette ! Belle initiative.

S : Ça fait quelques mois que ça pousse, je sens que c'est maintenant le moment.

P : Yes ! Tu sais, quand on échange on est assez hauts en énergie à mon avis.

S : Oui, on connecte d'autres plans.

P : Je l'ai bien ressenti. Ça va au-delà de la 3D (3ème dimension). Du coup, ça fait bizarre après de revenir, mais maintenant je le sais.

S : Oui c'est normal, mais tu peux t'y connecter quand tu veux.

P : Ah bon ?

S : Oui.

P : Être dans le moment présent ça suffit.

S : Oui et tu peux te connecter à n'importe quelle énergie, c'est à toi de choisir. C'est ce que tu fais de manière plus ou moins consciente quand on échange.

P : Ah, OK.

S : Mais tu peux aussi connecter ça quand tu es seule. Au début tu peux faire comme si tu échangeais avec moi si tu veux, pour faciliter, mais après tu vas voir que ça fonctionne et tu pourras le faire comme tu veux.

P : Chouette !

S : En fait tout le monde peut se connecter, c'est juste qu'on n'en a pas l'habitude. On croit que c'est réservé aux autres, mais c'est dispo pour tous.

P : Oui, mais sommes-nous toujours dans la même vibration à chaque échange ?

S : Ça peut varier en effet, mais tu peux par exemple t'amuser à te connecter à différentes énergies, genre l'énergie Christique, l'énergie des Maîtres Ascensionnés, celle des Anges…

P : Pourtant tu es bien plus avancé que moi sur ton chemin, tu canalises des messages… !

S : Tu peux te connecter juste en y pensant en présence, essaie, pense à l'énergie des Anges par exemple, respire et ressens-la, tu la laisses te remplir…

P : Wouah, je vais essayer, merci. Depuis plusieurs jours je ressens des énergies me traverser au niveau de la tête, des jambes, etc., sans que je médite, et j'aimerais comprendre.

S : Oui, il y a beaucoup d'énergie en ce moment, ça monte en puissance et ça va continuer.

P : Est-ce que je change de fréquence ?

S : C'est aussi pourquoi il est de plus en plus facile de se connecter aux autres plans. Et, oui, tu montes en vibration.

P : Je comprends.

S : Donc tu libères plus de choses et tu connectes plus facilement les plans de vibrations plus élevés, amuse-toi avec ça. Tu peux aussi jouer à te connecter à la nature, aux objets, toujours en te centrant et ayant la conscience que Tu Es l'objet que tu regardes, que Tu Es le brin d'herbe que tu observes… Tu vas ressentir l'énergie de plus en plus.

P : C'est vraiment ça que je ressens, Je suis de plus en plus dans l'Amour ! C'est magnifique. Je reviens au fait que toi tu es très élevé.

S : Il ne sert à rien de comparer car on est Tous la même chose. Peu importe ce qu'on a choisi de vibrer dans l'ici et maintenant, tu comprends, on Est tous la Source qui s'expérimente sur Elle-même. Alors, que ce soit sur la vibration 1 ou 5, c'est pareil, c'est le même Amour qui s'exprime.

P : J'ai un peu de mal à comprendre ça.

S : Tu vois quand tu choisis une radio, tu ne compares pas le fait que ce soit 105 FM, ou 89,5. Tu ne dis pas « la station 105 est plus élevée que la 89,5 », c'est juste que la station passe une autre musique.

Ici c'est pareil, il n'y a pas les plus élevés et les moins élevés. Il y a juste des points d'expérience différents.

P : Il me faut l'intégrer.

S : Mais il faut aussi comprendre que dès qu'on échange en conscience dans la Présence, alors la vibration monte. Tu sens l'énergie qui monte, là ? Accueille-la.

P : Oui, à fond.

S : Laisse-la t'envahir. Hihi, c'est bon. En fait, c'est la même énergie qui peut te remplir quand tu vas dans la nature et que tu observes en conscience, que tu admires le Tout que Tu Es.

Tu peux ressentir ça quand tu le souhaites.

P : Wouah…

S : C'est juste un état d'Amour pour le Soi. Admirer le Tout que l'on Est en conscience, c'est merveilleux.

P : Comme tu dois te sentir bien, toi, de pouvoir vivre tes ressentis.

S : Plus on le fait, plus on se connecte au Soi élevé. Tu peux le faire aussi si tu te l'autorises, si tu le choisis.

P : Oh, merci d'ouvrir encore et encore ma conscience.

S : Je dois partir, prends le temps aujourd'hui d'observer les choses en conscience. En conscience que Tout Est Toi. Sentir cette Joie, cet Amour pour le Tout que Tu Es.

P : C'est génial ! A +.

S : Bisous.

Note : Prendre le temps pour Soi, pour s'observer, se ressentir, est une chose importante. Plus on le fait, plus on observe sans nommer, juste en regardant et admirant la beauté de la nature qui, au final, Est Soi. Prenez ce temps le plus souvent possible et la Joie va grandir en toute simplicité.

P : Coucou Steph.

S : Coucou.

P : Je vis beaucoup beaucoup de belles émotions, de si bons moments, de ressentis… !

S : C'est super, alors. Tu savoures.

P : Je me rends compte que j'adore l'écriture, je suis sensible à ceux qui ont ce don de toucher les cœurs.

S : Tu adores lire ou écrire ?

P : Les deux. Les mots sont si puissants, ils peuvent guérir les maux, l'inverse aussi, mais je ne retiens que le beau, toujours.

S : Oui, c'est bien. Après, on peut se poser la question de ce qui est beau ou moche.

P : Oui, attends, je m'explique : je voulais dire que les mots peuvent aussi détruire. Le mot est peut-être un peu fort, mais tu comprends l'idée ?

S : Oui, je comprends.

P : Et toi tu as ce don d'écriture et ton projet est génial.

S : Ce que je voulais aborder c'était : y a-t-il des mots beaux ou moches ? Pourquoi cela pourrait faire mal ou faire du bien ?

P : Oui, je Vois ce que tu veux dire sur un autre plan. Vu que l'autre, c'est Moi !

S : La guérison totale, s'il devait y en avoir une, se réalise lorsque nous avons conscience que rien n'est bien ni mal. C'est juste le conditionnement du mental qui juge dans un sens ou dans l'autre.

P : Je crois que je me réfère à mon vécu de ce point de vue.

S : On est tous élevés, éduqués dans ce sens. Et c'est parfait pour l'expérience. Mais le réveil et le Pardon arrivent. Le Pardon dans le sens de donner la Paix.

P : Ou offrir.

S : Oui. Se l'offrir.

P : Il faut le ressentir avant de l'offrir. Est-ce une expérience à vivre de tout instant ? Ou je pense qu'on doit l'ancrer. Je ne sais pas si je suis bien claire…

S : Le Pardon est quelque chose qui a trop été modifié dans son sens profond. Car le vrai Pardon, c'est comprendre qu'il n'y a rien à pardonner. C'est la véritable Paix avec Tout ce qui Est. Tu comprends le sens de ces mots ? Car c'est très puissant.

P : Oui, regarde, si tu coupes le mot Par Don.

S : Oui c'est ça.

P : Ça me fait penser à Sylvain du Boullay, Un cours en miracles. C'est fort, en effet.

S : Oui en effet, même si je n'ai pas lu le livre, c'est la même énergie je pense.

P : Moi non plus. Tiens parlons énergie.

S : Oui.

P : Je me sens proche de Marie, Jésus et les Archanges, bref beaucoup… Comment savoir quelle est cette énergie que je reçois ? Que je vibre ?

S : Tu le sais déjà, c'est juste que le mental veut te faire douter. Tu le sais quand ça te vient comme ça, sans y réfléchir. C'est vraiment simple, l'idée, le ressenti te vient comme ça, alors c'est juste.

Après, l'habitude te viendra de sentir quelle vibration correspond à quelle énergie. Mais cela n'a en fait aucune sorte d'importance.

P : OK. Ne pas être dans l'attente, être dans l'accueil.

S : Tu peux aussi faire l'inverse et appeler telle ou telle énergie. Ressentir et ainsi mémoriser quelle vibration correspond à qui. Oui, c'est bien de s'abandonner complètement.

P : OUI. Se laisser porter par la Vie.

S : Tu comprends, tu peux tout. À partir du moment où tu ne le veux pas.

P : Là, c'est fort.

S : Car le « vouloir » Est une croyance de la séparation avec le résultat. Or, c'est impossible, tu ne peux pas en Être séparée. Sauf dans l'illusion que tu te permets de goûter selon tes croyances. Mais là encore, il n'est pas nécessaire de penser que c'est un « problème ». Car il n'y a en vérité jamais de problème.

P : Oh là là, je te perds.

S : Où est-ce que je t'ai perdue ? Dis-moi.

P : Je sens que c'est énorme, cette Vérité.

S : Oui. Prends le temps de relire et dis-moi.

P : Je te cite : « Tu comprends, tu peux tout. À partir du moment où tu ne le veux pas ! » Là, ça me demande de relire.

S : Oui je vois, j'explique. Tu peux tout car tu Es la Source de tout, tu es le Tout. Tu peux tout à partir du moment où tu ne le « veux » pas, car vouloir est une illusion, c'est une croyance qui te fait te sentir séparée du Tout que tu Es, et donc tu crois que tu dois vouloir pour avoir.

P : Ah oui, OK, je comprends.

S : Tout ce que tu « veux » Est déjà. Et tu n'en es séparée que par l'illusion de la séparation.

P : Ah oui. Je sais ça ! Merci.

S : C'est fort tu comprends, car « tu peux tout si tu ne le veux pas », c'est comprendre que tu es déjà le résultat de ce que tu crois vouloir.

P : Wouah, c'est ça.

S : Vouloir est une sorte " d'erreur ", car Tout Est déjà. Et encore une fois ce n'est pas un problème car c'est ce qui permet l'expérience.

P : Oui.

S : Il est intéressant de le conscientiser. Et de petit à petit démonter les croyances qui nous empêchent de Voir la Vérité.

P : En fait, être dans l'Abandon total et dans l'accueil.

S : L'Abandon à Soi. Et l'accueil de Soi. Oui. Tu sais, c'est tellement simple, Tout se trouve dans la phrase : « Il n'y a que Soi avec Soi et pour Soi ». Tu peux y trouver toutes le réponses.

P : Tu me l'as déjà dit, pourquoi j'oublie... Merci, je vais conscientiser tout cela ! Je vais rejoindre mes parents. Merci pour TOUT, pour ce bon moment.

S : Merci, je t'embrasse.

P : Coucou Steph, tu vas bien ?

S : Coucou, oui et toi ?

P : Oui super. Quelle Belle Journée ! Je suis de plus en plus dans la Joie, l'Amour, après ce mois d'août fort en émotions, en nettoyages... Il m'arrive de pleurer de Joie pour tout ce que vis... J'ai tellement de gratitude.

S : Oui, les mois défilent et sont de plus en plus forts. La Joie monte, c'est magnifique.

P : C'est superbe, merveilleux. En t'écrivant, j'ai des frissons, je ressens souvent cela dans la Journée, c'est un truc de fou. Sinon, un sujet qui me taraude depuis quelque temps : que sais-tu sur l'Amour Vibral, Amour Vibration ?

S : L'Amour est l'Amour. La Vibration est aussi Amour alors l'Amour est Amour.

P : Pour moi c'est l'Amour qui n'est pas l'Amour-sentiment. L'Amour du Divin qui est en nous.

S : Oui, parce que l'Amour selon l'humain n'est pas le vrai Amour. Mais du point de Vue hors illusion, il n'y a que Amour. Pas besoin de rajouter autre chose pour le définir. C'est un peu comme dire « le sucre sucré », lol.

P : Je me dis... comment aimer ?

S : La Vérité se trouve dans le non-nommé. Comment s'aimer ? Comment Aimer ? C'est pareil.

P : Une seule personne alors qu'on a envie d'aimer tout le monde ?

S : Il n'y a pas à Aimer une seule personne. On a juste à Aimer Tout et Tout le monde. Après, avoir une relation intime est différent, mais ça n'empêche pas d'Aimer les autres, tu vois ?

P : Ben je sais pas trop. C'est quoi l'Amour-sentiment ?

S : L'Amour d'une relation intime, tu veux dire ?

P : Oui.

S : OK. Il y a l'Amour, le truc qui te remplit depuis quelque temps et qui te mets en Joie. Cet Amour est l'Amour-Source.

P : C'est ce que je Vis.

S : Ensuite la relation d'Amour intime se mélange avec une attirance, l'envie de faire un bout de chemin ensemble, d'être plus proches. C'est une Joie supplémentaire de partager à deux. Ce n'est pas plus d'Amour-Source, c'est autre chose. C'est un partage de Joie.

P : Joie d'Être ensemble, c'est ça. C'est Magnifique ! J'ai vécu cela. Mais je ne savais pas vraiment comment Aimer, maintenant je sais et c'est bon de le savoir. En fait c'est parce que je ne m'aimais pas moi-même comme tu le sais, il m'en a fallu du temps pour l'intégrer…

S : C'est du passé, maintenant. Seul le présent compte.

S : Oui.

P : Qu'est-ce que je change, quand je prends du recul, c'est… wouah !

S : Oui ça va de plus en plus vite. Et c'est pas fini ! Réjouissons-nous et allons dormir, il est tard.

P : Oui, j'allais te le dire…

P : Coucou Steph. Ça va ? Septembre a été un mois que je n'ai pas vu passer. Je me suis sentie comme aspirée par un tourbillon.

S : Coucou. Oui, merci, et, oui, le temps disparaît. Ça renforce l'importance de bien vivre le moment présent.

P : Je sais et c'est super important. Du coup je me sens un peu fatiguée.

S : Oui c'est normal, le corps physique a besoin de repos. Il est en plein changement.

P : Ah oui, carrément. Et les émotions c'est un peu l'effet yoyo… Est-ce dû à la pleine lune demain ?

S : Alors joue avec le yoyo :-)

P : Lol. C'est rigolo, on s'amuse bien, hihi.

S : S'amuser, rigoler, c'est important. C'est la Joie, c'est la Vie, le vrai Nous. La Joie peut se vivre dans Tout. Même dans la tristesse.

P : Oui, tu es si positif dans TOUT ! Tu accueilles… acceptes…

S : La Joie ne dépend de rien d'extérieur.

P : Joli, le message de ce matin, l'Amour ou la peur, c'est si Vrai. As-tu parfois des peurs ?

S : Ça arrive, bien sûr, mais j'avoue que plus j'avance vers moi, moins cela arrive.

P : Tu avances toujours ?

S : Bien sûr, ça s'arrête jamais. Ces derniers temps je suis allé voir dans le « bas astral » justement, c'était surprenant. J'ai fait une séance à une personne qui se sent attaquée tout le temps. J'ai jamais vu un truc pareil.

P : Ça fait un peu peur, genre des esprits…

S : Ben justement, au début je me suis dit oups ! Il y avait des trucs de ouf.

Je me suis dit : « Je fais quoi, j'appelle l'Archange Michael ? » Et puis là, ça a été magique. Je ne l'ai pas appelé, ça me disait non.

Il m'est venu « il n'y a que Moi avec Moi et pour Moi ». J'ai ouvert mes bras en grand et je me suis laissé remplir d'Amour. J'ai laissé faire en confiance totale.

Les « choses » ont été surprises ; je n'avais pas peur, alors tout s'est transmuté dans l'Amour. C'était tellement puissant. J'en pleurais de Joie.

P : Wouah, j'en ai des frissons. Oh, merci du partage, quelle jolie expérience, l'Amour est vraiment plus fort que Tout.

S : Oui c'était incroyable. Je suis allé raconter la Séance à mon épouse, tout de suite après elle a eu des larmes sans savoir vraiment pourquoi. L'énergie dégagée était incroyable.

P : C'est magnifique.

S : Une telle grâce. Oui, je suis encore tout ému. Je crois que si j'avais eu peur, je me serais fait « attaquer ».

P : Comment ?

S : Par ces énergies, je les aurais autorisées à me toucher par la peur. Tu comprends ? Si tu vibres la peur face à cette énergie, tu autorises à ce qu'elles te collent.

P : Oui je comprends, mais là, il faut maîtriser le truc.

S : Mais en général tu n'y es confrontée que si tu y es prête. C'est une expérience importante qui renforce la Foi. Ça a renforcé ma Foi et mon Amour.

P : C'est super, renforcer sa Foi et son Amour, ça c'est le cadeau magique.

S : Oui, c'était un cadeau merveilleux. J'ai remercié la personne.

P : Tu lui as expliqué tout ça ?

S : Elle a senti des trucs de ouf aussi se passer. On était émus tous les deux.

P : Eh bien, quelle jolie expérience tout de même.

S : Oui, bon, je dois y aller, à + !

P : À bientôt.

P : Bonjour Steph, j'aimerais discuter avec toi (oh là là, ça fait beaucoup tout ça !). Je ne suis pas vraiment en Paix dans le fait de recevoir plus que ce que je donne… Tu vois ?

S : Bonjour. Hihi, en gros tu me dis que tu refuses l'abondance que la Vie Est.

P : Vu sous cet angle, je comprends. Oui je sais que la Vie est abondance, mais ça coince un peu tout de même, du coup il me faut intégrer ce truc, sinon je bloque l'énergie d'abondance, c'est ça ?

S : Oui, tu te refuses.

P : OK, merci Steph, à intégrer.

Note : Notre éducation et les croyances qui en découlent vont à l'encontre du concept de l'abondance de la Vie. Si l'on revient à « Il n'y a que Soi avec Soi et pour Soi », alors on saisit qu'en fait, quand je donne à l'autre, c'est à Moi que je donne, et quand l'autre me donne, c'est Moi qui me donne. Au final, c'est donc toujours de Soi à Soi, il ne peut y avoir de plus ou de moins sauf si le petit soi bloque cette fluidité naturelle.

Rien n'est séparé, il s'agit simplement de laisser circuler sans que le petit soi ne commence à juger si l'une ou l'autre des parties mérite ou pas de recevoir. Si vous ressentez cette fluidité, si vous vous autorisez à recevoir avec Joie, à donner avec Joie et sans autre but que de laisser circuler ce qui doit circuler, alors c'est votre Vie tout entière qui sera alignée sur l'abondance naturelle de la Vie que vous Êtes. Observez cela.

P : Coucou. Tu vas bien ?

S : Oui et toi ?

P : Super, journée chez moi, ça fait du bien. Alors je te raconte…

S : Oui vas-y.

P : Lundi en partant avec Josyane, elle programme son GPS, je porte mon regard et je vois : « 11 h 11, arrivée gare 12 h 12 », puis des 444, des 777 et j'en passe ! Ensuite elle double un camion où il est écrit au dos en grandes lettres « Walter », le prénom de mon ex-mari, ça m'a interpellée, je me suis dit, mais qu'est-ce qu'il fait là, je me suis détachée depuis un bon moment déjà, bizarre.

S : Oui, ça peut juste être un coucou, ne cherche pas forcément une signification dans l'instant. Tu sais, il y a de plus en plus de signes qui se manifestent, c'est normal, car on se rapproche de plus en plus du Soi.
Après, si le mental récupère et essaie d'analyser, on a pas fini de se poser des questions :-)

P : Ben ouais, c'est sûr.

S : Vois les choses de plus en plus en les laissant se présenter et en ayant la confiance absolue dans le fait que, s'il y a quelque chose à comprendre, cela se fera au moment parfait. Amuse-toi, laisse-toi traverser. Joue ta Vie. Laisse les questions au vestiaire et amuse-toi tout simplement.

P : Oui, si tu veux bien, je te fais part de mon ressenti du week-end.

Note : c'était juste après un des week-ends pique-nique rencontre.

S : Oui, dis-moi.

P : Alors, est-ce la fatigue, mais jeudi et vendredi je n'étais que dans mon mental qui était si puissant, impossible d'être dans le moment présent. Plus des peurs, et je luttais contre ce mental/ego.

S : Il y avait une énergie qui poussait dans ce sens, c'était partout, j'ai eu des retours de personnes qui n'étaient pas avec nous et qui avaient aussi ce ressenti.

P : Ah bon, je ressentais vraiment un mal-être. Ensuite avec la soirée bols tibétains, bols de cristal et tout et tout, ça s'est libéré. Plus cette toux…

S : Oui, j'ai ressenti pareil. Sans la toux, lol. Mais la toux est très présente chez les gens en ce moment. Et c'est pas un Virus. C'est l'énergie qui pousse à Être Soi, à l'exprimer. On est invité à libérer, à oser, à exprimer.

P : Ça va mieux, du moins la nuit je ne tousse plus, un peu la journée, et tu sais quoi ? Hier matin j'avais pratiquement plus de voix, ma voix est revenue quand la collègue a déboulé dans mon bureau. Ça m'a permis de sortir ce que j'avais à lui dire !

S : C'est rigolo. Tu vois comment ça se passe. C'est magique :-)

P : Yes.

S : C'est pourquoi on est vraiment invité à se laisser aller. Sinon on va manifester tout un tas de trucs jusqu'à ce qu'on lâche, qu'on abandonne le mental qui réagit et qui a peur. C'est de plus en plus rapide, la manifestation dans l'illusion.
On va apprendre de plus en plus vite.

P : Chouette !

S : Des miracles vont se produire, tu vas voir. Savourons.

P : Et avec toi comme enseignant, j'avance.

S : Il n'y a pas d'enseignants, juste des parties de Toi qui se manifestent à toi pour Vivre cette expérience du réveil de la conscience de Qui Tu Es Vraiment.

P : Oui, mais je me dis que viendra ce moment où il n'y aura plus de peurs, de questionnements, juste à profiter du moment présent, c'est si simple parfois et si difficile à d'autres moments !

S : C'est OK.

P : Si tout est déjà en Nous, pourquoi est-ce si difficile ?

S : Parce que, imagine ce qu'il resterait comme expérience à Vivre si on n'avait pas oublié qui on Est ? Il n'y aurait pas toute cette diversité de ressentis à goûter.

P : Ah oui, c'est Vrai.

S : Le petit soi trouve ça « désagréable ». Mais le Soi jouit de Tout. Il goûte et il jouit. Des fois on n'aime pas ce que l'on goûte, mais ce n'est pas grave.

P : Eh bien c'est là que ça coince, bloque.

S : Pourquoi ?

P : Eh bien dans ces moments là, je ne m'aime pas.

S : Oui, mais ce n'est pas grave. Tu vois ce que je veux dire ? Quand tu goûtes un plat que tu n'aimes pas, c'est grave ? Non, c'est pas grave, tu découvres juste que tu n'aimes pas ce plat, mais c'est pas grave.

P : Oui je vois.

S : Après le truc c'est que, comme on a oublié qui on Est vraiment, on sait plus comment ça fonctionne et on goûte plusieurs fois les trucs qu'on n'aime pas, lol.

P : Ah oui, je confirme.

S : Mais cela aussi est à goûter.

P : Oh là là…

S : Jusqu'à ce que l'on comprenne qu'on peut choisir de goûter autre chose simplement en se tournant dans une autre direction.

P : Ça paraît si simple et pourtant ça l'est… tu te souviens.

S : Oui, c'est si simple que c'est Vraiment magnifique d'avoir réussi à oublier.

P : Oh oui, ça c'est un truc de fou !

S : C'est comme les films comiques, quand on voit quelqu'un qui va se prendre une vitre dans la tête parce qu'il a pas vu… On fait pire. On voit le mur qui est sur notre chemin, mais comme on a oublié qu'il suffit de tourner pour l'éviter, on fonce dedans. Et on se dit oups, ça fait mal. Mais on y retourne… Jusqu'à ce qu'on s'aperçoive qu'on peut simplement tourner le volant et aller dans une direction plus agréable. Le volant c'est notre Vibration et où on porte le regard.

P : Très juste tout ça, mettre le focus sur ce que l'on souhaite, ce que l'on aime… Et puis le meilleur est à venir de toute façon…

S : Il est déjà là.

P : Ah oui, je me souviens. Merci…

Note : Je sais et comprends que lorsqu'on est dans une situation compliquée et souffrante, cette simplicité peut sembler inaccessible. Cependant, l'invitation est toujours de commencer par revenir à la Paix avec ce qui Est. Si on n'y arrive pas, parce que c'est trop souffrant ou autre, l'invitation sera d'être en Paix avec le fait qu'on n'est pas en Paix… Etc.

Il est important de toujours revenir à qui l'on Est vraiment. On peut toujours constater avec le personnage que l'on est « coincé » dans la souffrance, mais ce n'est pas la totalité de Qui Je Suis. C'est en prenant conscience, en s'observant, que l'on peut véritablement commencer à prendre le recul nécessaire pour Voir plus large. Tant que je reste enfermé dans la seule vision du personnage, je me bloque et ne vois pas ce qu'il y a autour, je ne peux Voir la solution que si je commence par élargir ma Vision, et j'élargis ma Vision en commençant par être en Paix avec ce qui est en cet instant.

Reprenez aussi l'exemple de la station de radio : si vous êtes sur « Radio Souffrance » et que cela ne vous convient pas, alors vous changez de station en tournant le bouton. Vous ne restez pas bloqué à écouter ce que ne voulez pas et vous n'avez aucun doute sur le fait qu'en tournant le bouton cela va changer. La station dépend de la vibration, de votre vibration, tant que vous restez dans le personnage qui croit être coincé et qui le vibre, rien ne pourra changer. Ce serait comme attendre que la station de radio change sans tourner le bouton. C'est simple, mais pas toujours facile, dépendant de la force du personnage, de l'ego qui construit une fausse prison et provoque la souffrance.

Mais si vous êtes bloqué, ne vous en voulez pas, constatez-le en étant conscient de ce qui se passe.

P : Coucou, tu vas bien ?

S : Oui top super méga bien, et toi ?

P : Moi aussi c'est la Joie la Joie et la Joie, hihi ! Je viens de faire la séance de ce matin, hummm comme c'est Bon… ! Je me suis laissée bercer par ta douce Voix, la Présence, le Silence… j'adore ! Mes larmes ont coulé… Si Beau ! Une petite pause dans le tourbillon de cette journée ! Beaucoup de frissons. Merci infiniment Steph !
J'en ai vraiment besoin, de ces doux moments. Depuis août c'est l'effervescence. Le week-end Véranne, ça a été magique ! Des moments rien que pour moi, ça fait tellement de Bien… ! Ça m'a calmé mon mal de tête, cette séance.

S : Cool.

P : Tu as vu tous ces dossiers sur mon bureau ?

S : Oui, lol, je comprends que tu aies mal à la tête.

P : Hihi, oui j'en ai le tournis. Quel décalage. Quand je Vois et j'Observe les personnes ici… C'est une vraie pièce de Théâtre. Chacun jouant un rôle.

S : Oui c'est tout à fait ça.

P : Je me sens vraiment décalée. Pourquoi suis-je entrée dans la justice, alors que c'est pas forcément l'endroit le plus juste… Et j'aime pas du tout l'injustice… Drôle de chemin… !

S : Peut-être que c'est parce que tu n'aimes pas l'injustice. Pour que tu comprennes le jeu, justement. Que tout ça n'est qu'un jeu.

P : Je le sais et je l'ai bien compris ! Mais ça reste un milieu fermé où chacun porte un masque. On ne peut Être Vraiment Soi, tu comprends, il me faut apprendre à jouer…

S : Peut-être pas.

P : ?

S : Juste retrouver le jeu naturel.

P : C'est quoi, pour toi ?

S : Le jeu qui vient du Soi sans y mettre de mental/ego.

P : Ah, eh bien Être Soi sans peur du jugement. Se laisser guider par son Cœur, si facile à écrire et pourtant…

S : Oui. Mais c'est bien comme ça.

P : Oui, c'est pas grave comme tu dis.

S : On peut aussi s'amuser en s'observant.

P : Oh, mais c'est ancré en moi, ça. Je m'observe et j'observe beaucoup. Et je me remets si souvent en question. Là, je Vois que je suis dans le mental.

S : Le tout est de le faire sans jugement. Continuer à s'aimer en s'observant. Ne pas juger, juste observer.

P : J'en ai au moins jusqu'à la fin de cette Vie terrestre à m'aimer :-)

S : Oh, jusqu'au retour à la Source, et c'est pareil pour tous.

P : Oui. Parfois je me dis que je ne pourrais donner mon Amour à une seule personne, j'ai tellement envie de donner tout mon Amour, j'aime la liberté…

S : Alors choisis ton fonctionnement selon ton Cœur et ton envie et non selon les règles sociétales.

P : Oui, le Cœur, c'est le baromètre ! Oups il est déjà 19 h, je dois préparer le repas. Merci à très bientôt.

S : À bientôt.

P : Coucou ! Oh là là, Steph, comme tu me fais travailler sur mes croyances et mes blessures… !

S : Coucou. Comment vas-tu ? Désolé, j'étais en Séance.

P : Super bien merci, et toi ?

S : Impeccable, merci.

P : Vois comme mon mental m'a encore créé des peurs…

S : Ah bon, pourquoi, que s'est-il passé ?

P : Ben en fait, comme tu ne me répondais pas, je me suis dit que je te saoulais, que je devais arrêter de te déranger, j'étais nulle… Un truc de ouf. Ah là là, ce mental/ego. Blessure de rejet…

S : Oui OK, lol. Tu ne me déranges pas. Mais je comprends, c'est normal, les énergies font remonter les trucs.

P : Ah oui, ça n'arrête pas… ! J'ai vraiment eu peur ce matin, j'en ai eu des palpitations ! J'ai l'impression que la blessure de rejet dans mon cœur se rouvrait. Ah, ces énergies !

S : Oui je comprends. C'est toujours la même chose jusqu'à ce qu'on lâche vraiment. Sauf qu'à force on voit le « jeu ». Le Tout est de voir ce qui se joue dans l'expérience en comprenant que c'est juste le jeu et pas le Soi.

P : Oui, là, j'en ai pris conscience !

S : C'est le plus important. Après, même si on réagit encore c'est plus pareil. On retrouve le centre plus vite.

P : C'est atténué.

S : Oui, de plus en plus. Alors la Vie que nous sommes joue plus fort, hihi. Et on lâche à nouveau…

P : Je me sens vraiment oppressée. C'était puissant ! Je pense à cette blessure de rejet, j'ai dû revivre l'émotion quand mon ex-mari m'a quittée.

S : OK, alors accueille en te remplissant d'amour pour cette blessure. Aime-la et regarde-la avec compassion. Libère-la. Et remercie.

P : Ça fait mal, je pensais en être libérée, mais j'accueille avec bienveillance et Amour.

S : Oui il faut accueillir pleinement. Ne pas rejeter. Ressens comme tu es l'Amour infini. Qu'il n'y a que Toi avec Toi et pour Toi, et donc que tu ne peux ni te rejeter ni te perdre. Remplis-toi d'Amour pour Toi. Et souris !

P : Oui, merci.

Note : Il est important de comprendre que lorsqu'on commence à « travailler » sur soi, on enclenche un mouvement qui va remuer les choses. Souvent les personnes se font surprendre, car cela produit un peu comme l'effet inverse de ce qui est recherché. En effet, on cherche la Paix, et on se retrouve avec des remontées de ce que l'on a bien souvent rejeté depuis longtemps.

Alors si ça remonte, soyez plutôt heureux, car c'est bon signe, vous avez la possibilité de transmuter ce qui remonte, de le libérer. Prenez-le à la rigolade et tout changera.

Par exemple si une émotion remonte, dites simplement avec le sourire sur le visage : « Chouette une opportunité de libération ! » plutôt que « J'en ai assez, je n'en peux plus »…

Voyez les opportunités, tout est opportunité. Le cadeau n'est jamais loin si on l'accueille dans la Paix.

P : Coucou Steph.

S : Coucou. Comment vas-tu ?

P : Ça remue pas mal à l'intérieur… J'ai un manque, un vide en moi depuis plusieurs jours.

S : OK, et ça te pose un problème ou tu peux observer et accueillir ?

P : Eh bien, je n'arrive pas à accueillir totalement, tu vois. Hier j'ai écouté une vidéo et la personne a parlé du manque de son père et du manque de lui-même, ça m'a bouleversée. Ce qu'il a dit m'a beaucoup parlé, ce que je ressens, le manque de moi-même, je me rends compte que je ne l'ai pas intégré totalement, tu vois.

S : Ce manque est normal.

P : Avec tout ce que tu m'as « appris », pourquoi ai-je autant de difficulté à lâcher ?

S : Est-ce que tu peux trouver ton point de Paix ? Par exemple, maintenant, être en Paix avec le vide en toi ?

P : Non, j'ai juste envie de pleurer, c'est comme une lutte à l'intérieur de moi.

S : Alors est-ce que tu peux prendre de la hauteur, en sachant que celle qui réagit, qui souffre, n'est pas la totalité du véritable « Toi » ? Est-ce que tu peux être en Paix avec le fait que tu n'es pas en Paix ?

P : Je ne peux pas, car je ressens la douleur dans mon corps.

S : OK, mais tu n'es pas uniquement ce corps.

P : Oui, mais j'y habite.

S : Oui, mais tu peux y habiter et Voir depuis le Toi. Est-ce que depuis le point de vue du Toi tu peux observer la douleur ?

P : Tu parles de mon Soi Supérieur quand tu dis le Toi ?

S : Cherche le point de Paix, recule. Oui, ressens le Toi, la Présence. Le Vrai Toi. Et depuis ce Toi, observe.

P : C'est difficile en cet instant ! Je respire…

S : OK, alors est-ce que tu peux être en Paix avec le fait que tu n'y arrives pas en cet instant ?

P : (Je pleure) Oui, je me dis que ça va passer…

S : Tu peux, en pleurant, et même en souffrant, trouver la Paix.

Voilà, c'est un endroit où on ne peut pas forcément changer l'état de souffrance, mais où l'on peut lâcher et dire « OK, je souffre en cet instant, mais ce n'est pas Moi. J'accepte et accueille cette souffrance. Je la laisse se vivre et je suis en Paix avec cela. » Tu peux trouver ce point de Paix ?

Tu sais, le truc, c'est que tu es très exigeante avec toi.

P : Dis-moi ?

S : Tu voudrais avoir guéri de tout, tu voudrais vivre tout le temps la Paix. Tu voudrais lâcher plus vite et plus… C'est normal.

P : C'est vrai.

S : Et si, justement, c'était cette exigence avec toi qui t'empêchait de lâcher vraiment ? Sois plus cool avec toi. Lâche-toi la grappe et vis simplement sans te juger sur le comment il serait bien de réagir à telle ou telle situation.

P : C'est ça, et du coup c'est le manque d'Amour pour moi.

S : Oui je pense, de toute façon on est tous sur ce manque d'Amour pour nous.

P : Mais j'ai tellement d'émotions qui me traversent si souvent…

S : Oui, je comprends. Mais plus tu vas accepter cela, plus ce sera facile. Juste chercher ton point de Paix dans l'instant. Il sera différent tout le temps. Mais tu peux toujours trouver cet endroit.

P : En fait je n'aime que les belles émotions, la Paix, l'Amour, la Joie, et je n'accepte pas « encore » les autres.

S : Tu sais, les Séances sont surtout faites pour que chacun s'habitue à trouver la Paix, c'est comme développer un muscle. Mais, oui, tu vas devoir accueillir cette autre partie de Toi.

P : Quand tu parles de trouver ce point de Paix, c'est revenir dans son alignement ?

S : Oui, on peut appeler cela comme ça, mais je sens une nuance que je ne sais pas expliquer avec des mots. En tout cas, je l'avais expliquée chez toi au stage, je crois, pour trouver la Paix quand on a un moment compliqué.

P : Oui exact « appuyer sur le bouton ». Ça y est, ça passe… Je prends conscience de cela, rien ne dure… Je parlais de mes émotions de tout à l'heure !

S : Essayer d'être en Paix avec la situation ou l'énergie ; si on n'y arrive pas, essayer d'être en Paix avec le fait qu'on n'est pas en Paix ; si on n'y arrive pas, essayer d'être en Paix avec le fait qu'on n'arrive pas à être en Paix avec le fait qu'on n'est pas en Paix…

Et on recule jusqu'à ce qu'on en rigole :-)

P : Ah ben oui, ça marche, je rigole !

S : Hihi. J'utilise ça et ça fonctionne bien.

P : Le sourire revient, merci.

S : Car au bout d'un moment, on ressent le jeu, le ridicule de la situation qui n'est pas vraiment vraie.

P : Ça marche.

S : Je suis content, alors. Mais il faudra accueillir, quand ce sera le moment pour toi, la totalité de Toi. Et être en Paix avec la totalité.

P : Oui oui !

S : Mais pas de pression, de toute façon c'est pas toi qui décides du moment, alors c'est pas important… On laisse glisser. Prends juste ce qui vient et trouve ton point de Paix avec ce qui Est.

P : Oui.

S : La Paix, l'Amour, la Joie. Dans la totalité de Qui nous Sommes Vraiment.

P : Oui, il n'y a que ça de vrai… !

S : D'abord la Paix, toujours, sinon le reste ne fonctionne pas. Comment te sens-tu maintenant ?

P : Super bien ! Merci merci à Toi qui es Moi !

S : La Paix est toujours là, c'est nous qui la choisissons ou pas.

P : Oui c'est exact ! Ah ce mental/ego ! Il faut vraiment qu'il soit mon ami !

S : Tu vois, rien n'a changé depuis tout à l'heure, pourtant tu as retrouvé ton point de Paix, puis l'Amour t'a remplie et la Joie s'exprime. Le point de départ, c'est toujours la Paix, peu importe ce qui se vit.

P : Ben oui, carrément. S'il n'y avait pas cet échange, ce serait venu, mais avec plus de temps…

S : Oui, peut-être, mais c'est comme tout, plus on le fait, plus c'est facile.

P : On s'identifie tellement à la situation, l'émotion…

S : Oui. Et c'est pour ça qu'on se propose des aides « extérieures » quand on bloque.

P : Revenir comme un enfant qui ne se pose pas de questions, ça c'est cool !

S : Oui, tu as déjà vu les enfants, ils pleurent, ça dure deux minutes et hop ils rigolent.

P : Mais oui, c'est vrai.

S : C'est ça qu'on perd. On peut le retrouver maintenant.

P : Oui, notre spontanéité. Mais tu sais, je me sens souvent comme une enfant dans un corps d'adulte… Je pleure et je ris aussi vite… ! Mais je suis une « boule d'émotions » et ça, c'est pas facile à gérer. Je me sens différente, souvent… ! Mais c'est aussi une force !

S : Alors, ne gère plus. Laisse venir, vis pleinement.

P : Oui.

S : En fait c'est peut-être ça qui est compliqué à exprimer dans ce que je ressens.

P : Que veux-tu dire ?

S : On peut vivre pleinement une douleur et être en Paix en même temps.

P : C'est ce que tu ressens, moi je ne pense pas encore avoir ressenti cela.

S : Si tu veux, c'est un peu comme si tu étais à la fois l'acteur et le spectateur.

P : Ah, je crois que oui j'ai déjà ressenti cela. C'est ça, tu as mis les mots sur ce que je ressens.

S : L'acteur joue son rôle de souffrance et le spectateur lui reste en Joie en observant la scène se jouer en soi.

P : Wouah, je Vois, merci.

S : Mais rien n'est séparé. L'acteur et le spectateur sont la même chose, le Tout qui expérimente. C'est pourquoi ça peut être troublant aussi, car on est dans un entre-deux. Mais en même temps, tout ça n'est qu'une illusion créée par le Tout.

P : Parfois ça me dépasse… ! Savoir qu'on est le Tout.

S : Mais rien ne peut être séparé, car tout fait partie du Tout et Tout est dans chaque expression de tout.

P : C'est dingue !

S : Oui, et c'est jouissif !

P : Quand on sait ça, on ne devrait plus se questionner… !

S : Oui. Juste observer, goûter et jouir.

P : Pourquoi cette quête ?

S : Pourquoi devrait-il y avoir un pourquoi autre que la Joie d'expérimenter. L'enfant ne se demande pas pourquoi un jouet est créé, il joue, simplement. Y a-t-il un but à part jouer ?

P : Je ne sais pas, je me pose vraiment beaucoup de questions, ça me fatigue…

S : Hihi, trouve ton point de Paix avec ton questionnement :-)

P : C'est reparti, hihi !

S : C'est ton jeu pour l'instant, alors joue. Joue à l'expérience du questionnement.

P : Comme je rigole de mon propre Jeu !

S : Oui.

P : Hihi. Ça m'amuse ! J'adore.

S : Tu vois, le truc c'est que beaucoup veulent avancer, corriger des comportements…

P : Comme moi, quoi !

S : Mais le jeu c'est simplement de jouer. Si le jeu est le questionnement, alors on le joue. Si le jeu est de souffrir, alors on le joue. Et si à un moment ça change, alors ça change. Mais il n'y a rien d'autre à faire que de goûter, jouer ce qui se vit en suivant les intuitions du Cœur.

Plus on monte en Vibration, plus on voit la souffrance comme une couleur parmi toutes les couleurs. Il n'y a pas de bien ou de mal, il n'y a que différentes couleurs, différents jeux.

Mais, encore une fois, on n'Est pas la souffrance.

P : Je ne suis pas mes pensées, je ne suis pas ce corps… Je sais tout ça…

S : Regarde, tout à l'heure tu n'étais pas « top bien » et maintenant tu rigoles, mais tu n'es ni la douleur ni la gaieté.

P : Ah oui, c'est Vrai. J'aime le « pas top bien », hihi.

S : Ou plutôt, tu Es Tout à la fois, sans jugement, car cela fait partie de Tout ce que tu peux expérimenter dans l'illusion. En fait on est le Tout qui s'expérimente sur lui-même dans une création illusoire.

P : Je beugue ! Hihi.

S : Imagine que tu es la Source, tu as la possibilité de créer un jeu vidéo qui n'est donc pas vraiment vrai. Tu peux créer tous les possibles dans ce jeu et chaque pixel, chaque « tout ce qui est dans ce jeu », tu peux y mettre un point de conscience de Toi pour goûter et vivre tous les points de vue du jeu.

Tu peux ainsi tout expérimenter depuis des milliards de points de vue différents. Tu vois le truc ?

Mais tout ça n'est quand même qu'une illusion au final, créée pour jouer et expérimenter tous les possibles.

Est-ce que c'est clair comme ça ?

P : Bof, création illusoire…

S : Tu peux créer une image dans ta pensée ?

P : Oui.

S : Est-ce que cette image est réelle dans la 3D ?

P : Oui.

S : Je veux dire est-ce que cette image est matérialisée dans ta pièce, ici ?

P : Non.

S : Elle est dans ton « illusion », elle est une création de toi, mais ça reste une illusion dans le monde matériel ici. En fait Tout est comme ça, ce qu'on croit vivre ici n'est qu'une création illusoire du Grand Tout. Comme une pensée de la Source.

C'est vraiment pas facile à exprimer.

P : Pas facile pour le mental d'intégrer cela.

S : Normal, la Source a créé les barrières mentales pour qu'on puisse goûter, expérimenter la séparation. Sinon on ne pourrait pas jouer à ne pas savoir, lol.

P : Oui, exact.

S : Et c'est tellement miraculeux d'avoir cette chance de croire qu'on est séparé.

P : C'est un vrai casse-tête, mais c'est bon de le savoir, de se rappeler.

S : Ça relativise.

P : Oui. J'aimerais tellement que le maximum de personnes se rappellent…

S : Pourquoi ? Tu veux que tout le monde joue au même jeu ?

P : Ah oui, je Vois.

S : C'est ennuyeux pour la Source que tu Es. Joue à ton jeu et laisse les autres Toi jouer à leur jeu.

P : Oui ! Oh là là, le temps passe vite ! Il est bientôt midi, il me faut préparer le repas…

S : OK, amuse-toi bien :-)

P : Oh, coucou mon cher Stéphane, tu vas bien ?

S : Très bien et toi ?

P : Oui ! Merci. Tout va comme tu veux ?

S : Oui. C'est facile, comme je ne veux rien, alors ça va toujours comme je veux.

P : Hihi. Bel exemple de sagesse… !
Je partage avec toi ce que la Vie m'a offert ces derniers temps, je n'ai pas eu l'occasion de t'en parler.

S : Vas-y.

P : Regarde comme tout est parfait selon le plan. Ma fille a trouvé un logement en peu de temps, du coup nous avons une meilleure relation et nous avons repris une communication avec mon ex-mari : il nous a invitées à déjeuner !

S : OK, ça se détend alors.

P : Oui c'est cool, c'est important la communication… Et quand je prends du recul, un peu de hauteur, ne serait-ce que cette année, c'est… wouah… c'est Merveilleux.

S : Oui, tout change tellement vite. Si on ne prend pas le temps d'observer, on ne le voit pas.

P : Oh oui, il faut Vraiment Voir et Avoir bcp de Gratitude. Même s'il y a des périodes de découragement, de blues, j'avance… Et ma Vie a vraiment changé… Ma Conscience…

S : C'est super.

P : Alors maintenant voilà ce qui m'est venu ces derniers jours. Toi tu es Moi, et vice versa, et tu es là pour mon expérience.

S : Oui, je suis Toi envoyé par Toi pour Toi et vice versa, en effet.

P : Et si je vais au bout de ma réflexion, est-il possible que toi et moi nous nous soyons connus dans une autre incarnation ? Mais nous ne pouvons pas le savoir ?

S : Quelle importance cela pourrait-il avoir de le savoir ?

P : Ben oui, en fait, ça doit être le mental qui veut savoir.

S : Oui, lol.

Note : Prendre le temps d'observer, de vivre dans le présent et remercier, c'est simple, et pourtant tellement puissant.

P : Coucou Steph !

S : Coucou !

P : Peut-on parler à nouveau de cette Paix ?

S : Oui.

P : Tu me disais que je voulais toujours être en Paix…

S : Tu « veux » en effet, et vouloir la Paix, c'est déjà s'en séparer.

P : En fait, c'est ce qui est difficile pour moi, étant très sensible, je suis comme une éponge, du coup je prends les émotions des autres.

S : La Paix Est la Vérité de Qui Tu Es. Tout ce qui n'est pas la Paix fait partie de la construction, de l'illusion de la séparation. Mais ce n'est pas un problème.

P : Je crois que moi je le vois comme un problème.

S : C'est le jeu des possibles dans l'illusion. Oui, c'est le cas pour toi dans ta construction de l'instant, mais Tu n'Es pas la construction mentale illusoire que Tu as créée pour l'expérience.

P : Je te perds.

S : Tu crois être le personnage que tu as construit pour vivre l'expérience de l'illusion de la séparation. Mais le Vrai Toi n'est pas ça.

P : Ah oui c'est ça, je comprends. Et ça s'arrête quand ? Hihi.

S : C'est infini ou presque.

P : Et bien, en tout cas j'aimerais tellement souvent Être le Vrai Moi !

S : Tu l'es et tu ne peux être autre chose. C'est juste que tu n'es pas ce que tu crois être depuis le petit soi. Quand tu vas dans la Paix du Cœur, tu ressens une Présence infinie d'Amour. C'est ce que tu Es depuis toujours et pour toujours. Mais tu as créé ce personnage illusoire pour vivre cette expérience.
Le truc c'est que c'est tellement bien fait que tu crois être le personnage que tu as créé pour vivre l'illusion de la séparation.

P : Oui carrément. J'aimerais intégrer tout cela au plus profond de Moi.

S : C'est déjà intégré, c'est juste que le personnage embrouille tout cela et ça va émerger plus fort quand tu laisseras les questions et les « comment ? »…

P : Oui merci.

Note : La Paix est toujours là, juste derrière le personnage qui est en train de la chercher. C'est quand le personnage abandonne sa quête qu'elle peut enfin apparaître, ne dépendant de rien, de personne, ni d'aucune circonstance.

C'est simplement Là.

P : Coucou Steph, tu es disponible ?

S : Coucou ! C'est OK.

P : Dis-moi, voilà ce qui me questionne à l'instant : si l'on se rapproche de la reconnaissance de Soi, on n'aura plus de croyances, de peurs ?

S : On ne peut plus avoir peur, en effet.

P : On ne sera que dans l'Amour, alors ?

S : Oui, plus on devient conscient, plus l'Amour prend la place.

P : Tu ressens déjà cela, Toi ?

S : De plus en plus, comme toi et d'autres.

P : Et les autres, alors ?

S : Tout le monde y va à son rythme.

P : Mais pas Tous dans cette incarnation, alors ?

S : Je ne sais pas, et est-ce important ?

P : Eh bien j'ai toujours cette envie d'ouvrir la conscience de ceux qui sont « endormis », j'ai du mal avec ça… ! Je sais que chacun vit ses expériences à son rythme, mais je me sens si démunie parfois… !

S : Quel est le but de vouloir absolument que les autres se réveillent ?

P : J'aimerais qu'ils Voient, ressentent la Beauté de la Vie, de ce qui les entoure, le sens de notre venue sur terre, etc. ! Tu vois ?

S : Et pourquoi ce serait ta vision qui devrait s'imposer aux autres ?

P : Et bien parce que c'est si Beau et Bon ?

S : Et ?

P : J'aimerais qu'il ressentent cela.

S : Oui, mais alors tout le monde vivrait la même chose ? Et qui te dit que c'est ce qui est juste pour tous ?

P : C'est la Vérité, non ?

S : Chacun a sa vérité. C'est important de prendre conscience de ça.

P : Oui, je Vois !

S : La source de toutes les guerres vient de ça. Chacun croit avoir raison et veut imposer son point de vue. Sauf que chaque point de vue est juste de l'endroit où il est vécu.

P : Je comprends, mais moi, ce dont je parle, c'est de révéler, faire ressentir l'Amour en chacun. Un monde de Paix.

S : Tant qu'on veut changer les autres, tant qu'on croit avoir la vérité, on se trompe soi-même. C'est la même chose, Patricia. Tu veux changer les autres, mais au nom de quoi ? En quoi l'autre qui n'est pas éveillé ne serait-il pas dans sa vérité à lui ? En quoi un monde de Paix serait-il plus juste, à part le fait que c'est ton opinion depuis ton point de vue unique ?

P : Par le fait que nous sommes issus de la Source, donc nous sommes qu'Amour et Lumière.

S : Je sais, c'est pas facile cette partie.
C'est parce que tu juges que c'est mal. Quand tu montes en Vibration très haut tu vois qu'il n'y a ni bien ni mal et je sais que c'est difficile à saisir, car on s'est créé un modèle de pensée pour ne pas voir cela. Quand tu te rapproches de Toi, tu vois des expériences, mais tu ne peux plus juger en bien ou mal. Tu vois ce que je veux dire ?

P : Merci, c'est une grande prise de Conscience !

Note : Le Tout comprend ombre et lumière et ce n'est pas parce que l'on ne comprend pas toujours le sens global de ce qui se passe que cela doit être rejeté. Les changements les plus lumineux viennent presque toujours suite à une expression de l'ombre qui pousse à ce changement, à cette explosion de lumière. L'ombre sert la lumière dans le plan global qu'on ne voit pas dans son entièreté depuis notre point vue incomplet.

Si cela vous bouscule, ne vous y attardez pas, restez simplement ouvert à tous les possibles et prêt à laisser un autre point de vue émerger.

P : Coucou Steph, dis-moi à quel moment tu es dispo ?

S : Coucou. Comment vas-tu ?

P : Ah là là, comment te dire, soulagée et avec le besoin de me recentrer.

S : Alors raconte…

P : Pas facile par écrit, je vais essayer de synthétiser. Convocation entretien jeudi dernier avec ma chef de service (MPN*) et la directrice de greffe. On me propose deux choix, faire fonction de greffier sans aucune compensation financière, mais avec une charge de travail importante et des nouvelles tâches, juste impossible matériellement, en fait un cadeau « empoisonné ». Ou prendre le poste d'une dame qui part à la retraite avec un travail beaucoup moins intéressant, changement de bureau, de travail, et bien entendu, travail en collectif.

(*MPN = manipulateur pervers narcissique.)

Là où est la manipulation, les représailles, c'est que ma chef de service m'a indiqué suite à une altercation de juin dernier qu'elle me changerait de travail, de bureau ; j'ai eu la bêtise de lui dire quand tout allait bien, que j'aimais mon travail, le fait de travailler seule, et le bureau qui donnait sur l'extérieur (car beaucoup n'ont pas de fenêtre)… Bref, tout pour me dégoûter, tu vois. Je devais donner ma réponse hier, elle a retourné le cerveau de la directrice. J'ai demandé un entretien personnellement et j'ai tout sorti, je lui ai dit qu'aucun des deux choix ne me satisfaisait, que c'était une vengeance… La directrice pensait vraiment me faire un cadeau, que j'avais les capacités pour être greffier, alors je l'ai remerciée, maintenant on verra la suite…

Ça va, tu n'en as pas plein la tête ? Hihi.

S : Non ça va, lol.

P : Je n'ai pas de haine, de sentiment de vengeance, tu vois, c'est ce que j'ai dit à la directrice, je lui souhaite d'ouvrir sa conscience et son cœur. Pourquoi j'ai attiré tout cela, c'est quand même un truc de ouf. Puisque je l'ai créé comme tu le sais.

S : C'est quoi l'émotion que tu as vécue ?

P : Colère, injustice, non-reconnaissance, tristesse…

S : Et cela ne serait pas des choses qui sont encore à apaiser en toi ?

P : Ben si, c'est clair, je le sais tout ça.

S : Ben voilà pourquoi ça se manifeste. Remercie de pouvoir en profiter pour apaiser tout cela en toi. Accueille l'émotion avec bienveillance et Paix.

P : Je sais, et en même temps j'ai ressenti une légèreté, une puissance en moi… Jouissif… D'où le côté pervers, tu ne crois pas ?

S : Je n'ai pas compris ? Le côté pervers de qui, de quoi ?

P : Une grande satisfaction d'avoir été dans le jugement me comprends-tu ? Difficile de mettre des mots, manipulatrice moi aussi ?

S : Ha OK. Ben je vois pas bien où ? Tu aurais manipulé qui ?

P : Pour me défendre, il m'a fallu argumenter auprès de la directrice, être dans le jugement, et c'est ça que je ne m'aime pas quand je vois avec plus de hauteur, c'est difficile, comme si je vivais deux polarités, la culpabilité. Il n'y a pas d'Unité dans tout cela.

S : Être dans le jugement n'est pas de la manipulation. Tu as fait ce que tu sentais à ce moment-là et c'est parfait comme ça. Tu n'as pas à culpabiliser. Le jugement que tu te portes est plus « mauvais » que le reste, lol. Tu sais, un véritable manipulateur ne se demande pas s'il a bien fait ou s'il est manipulateur.

P : Ah ouais, j'y avais pas pensé.

S : Et ensuite, on l'est tous un peu et c'est normal.

P : OK, oui, on en avait déjà parlé.

S : Tout est là encore et toujours pour nous apprendre à nous aimer dans notre totalité. Tant qu'on se juge soi-même pour tel ou tel acte, on se renie, on manque d'Amour pour Soi.

P : Oui, encore et toujours, c'est tellement difficile dans ce monde matériel !

S : Cela ne veut pas dire qu'il faut faire des choses qui ne sont pas agréables pour les autres exprès, mais cela veut dire que quand cela se produit on prend acte, on Voit et on s'offre la Paix. Faire de son mieux tout simplement et être en Paix avec le reste.

P : Dans le travail, c'est chaud, trouver la Paix...

S : Alors trouves la Paix avec le fait que c'est chaud :-)

P : Tu me fais rire, ça me rappelle quelque chose… Ah, ça fait du bien d'avoir le sourire, merci. Ces derniers temps, goût à rien, pas d'élan, pas de Joie… Et je n'aime pas me sentir comme ça.

S : Oui, ça bouge et ça remue. Alors on peut accueillir aussi ce manque de goût et d'élan…

P : Encore un truc pour m'aimer…

S : Alors accueille et apprends à aimer ça aussi.

P : J'ai envie d'hiberner…

S : Ça veut pas dire rester ainsi, mais véritablement le ressentir comme un état, une sensation qui doit aussi recevoir ton Amour. Oui, c'est l'hiver, faisons comme les ours.

P : Je lis tes mots et ça me fait du bien ! Ça ne s'arrête donc jamais ? J'ai envie de crier STOP !

S : Alors crie-le.

P : Je Sais, j'ai Compris, laissez-moi !

S : Oui je comprends, sauf que ceux à qui tu souhaites dire ça sont Toi aussi.

P : Et je me sens stagner… Lasse, triste de tous ces gens qui ne veulent pas comprendre… Je sais, c'est leur choix tu vas me dire, on ne peut changer cela, mais quand même, c'est fou tout ça. La moitié du monde qui embête (pour être polie) l'autre moitié.

S : On ne stagne jamais. Tant que tu ne seras pas en Paix avec le fait que c'est ainsi, cela ne changera pas.

P : Je souffre de voir des gens dehors en cette période, de voir la maltraitance des animaux, la méchanceté des gens… en ce moment même ! Et tout et tout… Je ne comprends pas ce monde.

S : Oui je comprends ça, mais le fait même de ne pas être en Paix avec Tout ça l'entretient.

P : Je sais mais je n'y arrive pas pour le moment, mon cœur pleure…

S : OK, alors sois déjà en Paix avec le fait de ne pas y arriver et pleure, mais en ayant cette conscience.

P : Se sentir si impuissant, c'est insupportable, tu vois, me voilà partie dans une basse vibration, c'est ça l'effet yoyo dont je te parlais. Je peux être dans une Paix, un Amour et une Joie sans pareil et pouf, d'un coup, tout le contraire… Ce mois de décembre est difficile pour moi, mais j'ai toujours la Foi.

S : Oui alors c'est le principal. Laisse-toi tranquille et offre-Toi des cadeaux.

P : Pas envie.

S : Ben alors ne le fais pas, lol. Fais-toi ce cadeau de ne pas t'en faire.

P : Hihi :-) C'est drôle.

S : L'illusion est une blague qu'on a prise au sérieux.

P : Ce mot « illusion », j'ai l'impression qu'il m'énerve, on le voit partout.

S : Oui je sais. Parce que tu ne veux pas reconnaître que c'est le cas.

P : Peut-être, on dirait qu'il ne me parle pas... Je ne sais pas l'expliquer… Tiens voilà ce qui me vient maintenant : qu'est-ce qui t'anime le matin au réveil ?

S : Ce qui m'anime, je ne comprends pas trop, tu peux préciser ?

P : Ce qui fait que tu as envie de te réveiller ?

S : Ben je ne sais pas, c'est mon épouse qui me réveille, mais je resterais bien au lit moi :-)

P : Hihi.

S : Non, sinon, il n'y a rien de spécial. Je me lève et voilà.

P : Ben non ce n'est pas là où je voulais t'emmener, hihi. Qu'est-ce qui fait que tu as l'envie, que tu te sens en Vie ?

S : Oui je sais. Je suis comme tout le monde, il y a des jours où je me lève avec plein d'envie de goûter cette vie, puis d'autres où je ne ressens pas cette motivation. Alors j'observe que j'ai ou pas cette envie et c'est tout. Tu sais, ce sont les contrastes qui font la beauté.

P : Oui je Vois, c'est bien ça.

S : Tu as déjà joué aux « dadas » (jeu des petits chevaux) ? Tu sais ce jeu avec les dés.

P : Ben oui, lol.

S : Imagine que tu y joues et que les dés ont toutes leurs faces avec 6 points. Le jeu t'intéresse, dans ce cas ?

P : Ah ben oui. J'aime pas trop perdre :-)

S : Vraiment ? Tout le monde sort des 6 tout le temps, tu vas y jouer longtemps ?

P : Ah oui, pas d'intérêt, je Vois.

S : Tu vas vite t'ennuyer. En fait, c'est ce que tu aimerais dans ta Vie. Que tout soit parfaitement exprimé selon Tes critères, tout le temps, et pour tous. Tu vois le truc ? C'est ce que tu fais quand tu aimerais que les autres s'éveillent, etc.

P : Ah oui, trop fort. Tu as beaucoup d'imagination pour te faire comprendre.

S : J'essaie, comme ça je peux faire bouger des choses dans ta conscience en y allant avec différents exemples.

P : Que faire, suis-je un cas désespéré docteur ? Hihi.

S : Non, on est tous comme ça à la base. C'est normal, on est des humains qui ont eu une certaine éducation… et on voudrait le mieux pour tous.

P : À quel moment c'est venu pour Toi ?

S : C'est petit à petit, quand la conscience s'élargit. Mais là encore, si tu veux que ça aille plus vite que cela ne va, tu veux un dé avec que des 6 dessus.

P : OK, oui j'ai compris. As-tu encore des doutes ?

S : Je n'ai plus aucun doute à ce jour sur le fait que tout est magistralement orchestré par le Soi. Maintenant, si mon fils mourait ou si ma fille se faisait violer, je ne sais pas si je serais toujours OK. Mais on est des humains avec la chance de pouvoir Vivre pleinement les émotions. Alors profitons, goûtons en conscience. Peu importe le numéro qui sort sur le dé, peu importe l'émotion qui se présente, on peut la goûter pleinement et l'aimer. Tu vois ?

P : Bien sûr que je Vois, quand je te lis tout est si facile, léger, fluide et pourtant…

S : Oui, c'est parce que nous nous laissons emporter par l'émotion au lieu de la goûter sans y mettre d'importance ou de jugement de valeur. À partir du moment où tu retrouves cet œil neuf qui a oublié les conditionnements qui amènent au jugement de ce qui se vit, alors tu vois que tout se goûte comme l'enfant qui pleure et qui rit en deux secondes. Il peut passer de l'un à l'autre facilement parce qu'il ne juge pas que c'est bien ou mal.

P : Mais qu'est-ce qui coince malgré tout, de ne pouvoir goûter… Ma conscience, mon mental/ego ?

S : Ce sont les conditionnements qui sont encore trop présents. Rien ne cloche chez toi. C'est absolument OK. La prochaine fois que tu as une émotion qui ne te plaît pas, prends du recul et goûte-la avec Joie.

P : Ouf ! Ah que c'est Bon, soupir de soulagement.

S : Tout est OK chez tout le monde parce que la perfection est dans Tout ce qui Est. Il ne peut en être autrement. Parce qu'il n'y a personne. Il y a juste Soi avec Soi et pour Soi.

P : Pourquoi j'oublie ?

S : Parce que tu dois l'oublier c'est OK. Sinon tu ressors des 6 tout le temps :-) L'oubli de Qui on Est vraiment est obligatoire dans cette expérience si on ne veut pas sortir des 6 tout le temps. Parce que si on se souvient, alors on peut Tout.

P : C'est Fort, ça.

S : Ben oui, c'est pour ça que c'est une blague déconcertante, mais intéressante. Mais vois-tu le magnifique dans tout ça ? Penses-y un peu, car c'est magnifique.

P : OK. Et les jeunes ? Sont-ils et seront-ils différents ? Leur conscience ? Et tout et tout…

S : Oui, comme nous sommes différents de nos parents… La conscience évolue dans l'expérience. Ça va juste beaucoup plus vite maintenant. Car l'expérience va changer de niveau. C'est ça, l'Ascension.

P : On va changer de niveau vibratoire, de dimension.

S : Oui on va passer dans une dimension différente. C'est ce qu'on vit en ce moment. Je pense que bientôt on va voir des gens faire des « miracles » selon notre réalité actuelle.

P : Sommes-nous dans la 4D, voire la 5D ? Que veux-tu dire par miracle ?

S : Selon moi on est dans cette transition, donc en 4 D. Par miracle, je pense à bouger et maîtriser la matière, guérir…

P : On sera là pour voir tout ça j'espère, hihi.

S : Je pense que oui. Mais bon, personne ne sait, donc ne soyons pas dans cette attente.

P : Oh oui, l'attente c'est pas bon… C'est un truc que je « travaille », ne pas être dans l'attente, c'est important… et le contrôle… Bon eh bien dis-moi, il est midi tu veux encore discuter ?

S : J'ai envie de manger et toi ?

P : Moi aussi.

S : OK, bon appétit !

P : Merci à bientôt.

P : Coucou Steph.

S : Coucou. Comment vas-tu ? Quoi de neuf ? Ton travail ? Tes enfants…

P : Mon travail, je vais voir ça lundi, les collègues ne sont pas contents de récupérer mon boulot. À suivre… Et si je vois cela d'un regard objectif, ils vont supprimer un poste… Bref ! Mes enfants vont bien. La relation avec ma fille s'améliore.

S : OK. Et toi, tu te sens bien ?

P : Je vois le changement. Oui je vais mieux, ça a été difficile ces derniers jours, dernières semaines. Je savais qu'il me fallait libérer encore et encore. Et le souci au travail, ça m'a retourné le cerveau ! Mais comme tout est Juste…
Comment tu te sens ? Comment as-tu traversé ces fortes énergies ? Et quels sont tes souhaits, tes Envies pour cette nouvelle année ? Ça fait beaucoup tout ça ! Hihi.

S : Je me sens bien, je ne sais toujours pas comment va s'articuler cette année, mais je m'abandonne. Je n'ai pas de souhait particulier.

P : Ça c'est cool. Tu as raison, tu laisses ainsi la magie de la Vie te cueillir et tu te laisses porter par le mouvement de la Vie. Je n'en suis pas encore là… Dis-moi, peux-tu me définir cette notion de s'abandonner ?

S : C'est-à-dire ?

P : S'abandonner, c'est laisser faire la Vie ? Comment faire dans cette vie matérielle ?

S : Pour moi, c'est pas vraiment ça. C'est abandonner tout attachement, réaction à ce qui se passe ; c'est faire, mais depuis l'Être. Tu vois, cela ne veut pas dire qu'on attend sans rien faire. C'est juste abandonner les réactions mentales, Voir le jeu qui se joue. On peut Voir le mental réagir, l'observer en s'abandonnant à la Présence.

P : Je Vois et Je m'observe très souvent. Du coup, j'ai souvent l'impression de tout analyser…

S : C'est là qu'intervient l'abandon. Le faire et l'Être se mélangent, mais le faire s'abandonne à l'Être. Tout se passe sans analyse ni volonté.

P : OK je vois.

Note : Les notions d'abandon, d'accueil, de lâcher-prise, de Paix, etc. sont des « choses » interprétées et recherchées par le personnage au départ, puis, petit à petit, tout cela disparaît, la volonté disparaît, car cela devient naturel et simplement vécu.

Tout se déroule alors dans une simplicité absolue, l'Être est aux commandes, le mental/ego est transparent et la danse de la Vie peut œuvrer sans qu'il y ait autre chose qui puisse venir questionner ou modifier l'élan pur et puissant du Qui Je Suis.

P : Coucou Steph.

S : Coucou. Quoi de neuf ?

P : Eh bien au travail, je prends du recul, comme quoi quand on lâche, ça s'arrange… Tout vient de Soi, je l'ai à nouveau expérimenté ! Tout peut être si difficile, douloureux, mais ensuite c'est la Joie, l'Amour et la Paix qui reviennent, qui ont toujours été là en fait.

S : Oui, on le Voit de plus en plus. Car on a un niveau de conscience qui permet de Voir. Donc le mental peut s'agiter, mais comme il est Vu, il n'a plus de prise.

P : Oui, ça, c'est vraiment vraiment bien. C'est vrai, je Vois cela et j'aime.

S : Ben voilà, alors tu vois, tu y es !

P : Je pense que Oui ! Tout doucement ça fait son chemin…

S : Oui, enfin plutôt rapidement que doucement, lol. Tu vois à quelle vitesse ça va ? Regarde un peu le chemin et ressens. C'est tellement rapide. Mets-toi dans le « toi » d'il y a un an et regarde.

P : Oui, je ressens.

S : Tu n'es plus du tout la même.

P : C'est Vrai, et il m'arrive de faire ce petit retour en arrière… c'est… wouah. Je ressens tellement tellement de gratitude pour la Vie, pour tout ce qu'elle m'a invitée à Vivre, toi et toutes les belles Âmes que j'ai rencontrées… J'en ai des larmes de Joie.
Ah là là depuis mon premier pique-nique en Belgique, il s'en est passé des choses… Hihi. Comme quoi, il faut avoir la Foi et surtout surtout suivre l'élan de son Cœur.

S : Oui, se laisser aller.

P : Oui. C'est bon la Vie.

Note : Observer et surtout ressentir la différence de conscience, de vibration, entre le maintenant et l'autre maintenant d'il y a un an ou moins peut permettre de prendre conscience du « chemin » parcouru. N'hésitez pas à le faire de temps en temps pour ressentir cette « évolution ».

Suite à une Séance collective… :

P : Merci Stéphane pour l'invitation à cette Présence à moi-m'aime, cette communion de cœur à cœur entre nous Tous !

Tu sais, j'ai des vertiges, étourdissements, depuis environ 18 h ; certainement ces énergies en cette journée particulière !

S : Oui, c'est fort, cette lune.

P : C'est chouette, dommage que l'on ne puisse pas la voir. Tu te sens bien, toi ?

S : Oui, c'est hyper rapide et tellement calme.

P : Que veux-tu dire ?

S : On accélère tellement, mais ça se fait dans une Paix, un silence…

P : Ah oui, je Vois. Jusqu'où on va aller… En vibration, hihi.

S : Oui, et ça efface tout. Il ne reste plus beaucoup de place pour le bruit.

P : On se sent plus léger. Du coup, le bruit peut nous déranger ?

S : Non. Sauf si on s'y intéresse, mais cela n'est même pas un choix du petit soi.

P : Oui. On ne va pas se sentir trop en décalage ? Avec nos proches ?

S : Non, et puis certains vont nous surprendre et nous rejoindre très vite.

P : C'est super tout ça, il n'y a plus besoin de souffrir pour Voir et expérimenter ! Il n'y a plus de dualité ? Et l'ego dans tout ça ?

S : Rien ne change. L'ego est là, c'est uniquement le point de vue qui change. On Voit depuis le Cœur, depuis l'Être au lieu du personnage.

P : C'est vrai. Et dès que je fais une action qui ne vient pas du Cœur, je le ressens de suite.

S : Oui, c'est ça qui change. On Voit. C'est ça la bascule : On Voit. Avant c'était pas Vu de cette manière. Ça change tout.

P : C'était vu comment ? Avec le mental uniquement ?

S : C'est pour chacun différent, mais avant on était plus dans le mental. C'était compris depuis le mental, mais pas vécu véritablement comme aujourd'hui.

P : Et que dire des peurs que l'on a encore ? Vont-elles se libérer ?

S : Les peurs ne peuvent tenir devant la Vérité. Elles sont Vues elles aussi.

P : Ah oui c'est bien ça. Merci, j'adore tes mots, tu m'éclaires, hihi. Je comprends, j'avance, j'intègre. Sommes-nous dans la même fréquence ? J'ai souvent l'impression d'être l'élève et toi le professeur.

S : D'où vient la question ? Du Cœur ou du personnage ?

P : Personnage.

S : C'est toi qui te mets dans cette position depuis le manque de confiance de l'espace du mental/ego, mais ce n'est pas un problème. Tu t'aides à prendre confiance à travers moi qui suis toi.

P : Je me rappelle bien cela. Cet été, ça a été une révélation. Oui, mais moi je t'aide comment ? Puisque je te Vois entier et complet. Je ne sais pas si c'est les bons mots, tu me comprends. Tu me Vois comment, toi ?

S : Je te vois comme étant moi. Un autre point de vue de moi. Ce que je t'écris, ce que je partage avec toi, je le découvre en même temps. Il n'y a pas d'enseignant et d'enseigné. Il y a un partage qui enrichit les deux qui sont un. Tu me pousses à Être Moi.

P : Oui OK, merci.

S : Bon, moi, je vais me coucher. Je t'embrasse.

P : Moi aussi, bonne nuit.

P : Coucou. Tu vas bien ?

S : Coucou, très bien et toi ?

P : Oui, super bien. Je reviens sur ce que tu m'as écrit et qui m'interpelle : « Tu me pousses à être Moi ». Peux-tu exprimer davantage ?

S : Je ne m'en souviens plus trop, mais il me semble que l'idée était que chaque échange permet à chacun de se révéler un peu plus à Soi.

P : Oui, tu as raison. Peu importe, ce qui est dit et révélé l'est dans l'instant présent, dans l'énergie du moment et comme tout bouge constamment, pas besoin d'explications, hihi. Ça, c'est encore mon ami mental/ego, hihi. Je ressens ces belles énergies dont tu parlais, la Joie, l'enthousiasme, l'élan et tout et tout, en fait ça ne m'a jamais quittée… Comme c'est bon.

J'ai lu cette phrase qui est si belle : « Accepter cette petite mort pour mieux renaître à notre Êtreté », j'ai l'impression que c'est ce que je vis…

S : C'est une belle expérience…

P : Coucou. Tu vas bien ?

S : Coucou, très bien et toi ?

P : J'arrive du bureau. J'ai beaucoup de colère. J'ai envie de la taper… Je ne me reconnais pas… Mon mental/ego a repris le dessus avec force.

Pourtant, les énergies remontent et je me sentais bien il y a encore quelques jours. Qu'est-ce qui résiste encore en moi ?

S : C'est comme ça, accueille sans te juger.

P : Mon corps réagit, j'ai très mal dans le ventre, le dos… J'y arrive pas !

S : Alors accueille le fait que tu n'y arrives pas.

P : Là, ça y est, tu me fais rire. Je repense à une ancienne conversation, hihi. Ah là là, dire que c'est moi qui ai créé cela, je suis folle.

S : Non, c'est bien, tu expérimentes.

P : Oui mais ça me prend toute mon énergie.

S : Ça passera.

P : Et j'ai ce côté guerrière pacifique, hihi. Je ne lâche pas l'affaire, du coup, je ne sais pas si ça va passer…

S : Ça passera quand ça passera. Sois cool avec toi.

P : Je suis pas cool et je le sais et ça m'énerve. C'est comme si j'avais TOUT oublié.

S : Alors crie ! Sors ta colère…

P : Je n'y arrive pas non plus, tout est dedans.

S : Alors ne fais rien.

P : Je ne sais faire que ça ! Tu sais qu'elle s'en prend au magistrat avec qui je travaille, la greffière, et ça m'énerve encore plus.

S : Alors énerve-toi.

P : Alors toi, tu me fais rire, ça c'est cool, je passe des larmes au rire, je sais pourquoi je t'appelle en cas de détresse ;-) Tes mots guérissent mes maux, et comme tu Es moi… Hihi.
Tu te sens comment, toi ? Ressens-tu des choses bouger en toi au fil du temps des énergies qui te traversent ? Es-tu énervé parfois, ressens-tu de la colère ?

S : Ça va bien, merci. Je ressens beaucoup dans le corps en ce moment et la conscience qui s'élargit… Ça va de plus en plus vite.

P : Moi j'ai ma conscience qui rapetisse, hihi. Je rigole, mais je ressens vraiment cela.

S : Ça ne peut pas, lol.

P : Je sais, mais mon cœur se ferme aussi.

S : C'est un passage. Laisse glisser…

P : Et comme je m'en rends compte, je me juge et c'est le cercle vicieux. J'ai quand même un sacré ego, il me dessert complètement.

S : Alors aime-le.

P : Et je n'ai toujours pas compris la leçon, l'expérience, tu vois, je me juge encore.

S : Alors aime ça aussi.

P : Il y a encore du boulot ! :-)

S : Juste des choses à vivre. À goûter.

P : Quand je te lis, tout me paraît si évident, et pourtant…

S : Toi tu juges et dis que c'est du boulot, mais c'est juste une expérience.

P : Oui mais elle dure dans le temps.

S : Et ?

P : Et je ne veux pas en être trop affectée, je ne veux pas que ça joue sur ma santé ! J'ai peur… Est-ce si difficile d'Être Soi ?

S : Alors accueille la peur.

P : Comment ?

S : Ben comme on accueille un ami. Dis-lui bonjour, demande-lui comment elle va, fais-lui un sourire…

P : C'est bon ça, je ne voyais pas la peur comme ça.

S : Embrasse-la. Voilà un bel accueil, non ?

P : Oh oui, merci. Tu es un Ange, tu trouves toujours les mots justes. Oups excuse-moi, je dois aller chercher ma fille à la gare, j'aurais tant aimé continuer ce petit échange…

S : Et comme je suis Toi…

P : Oui, ça, je n'ai pas oublié :-)

S : Prends soin de toi.

P : Merci, bisous…

P : Hey, coucou Steph !

S : Coucou. Comment vas-tu ?

P : Bien, merci, et toi ?

S : Bien, merci.

P : Je me suis ressourcée quelques jours dans la famille, comme ça fait du bien… Tu sais, tout va si vite… Mon garçon m'a présenté sa chérie, ça fait quelques mois apparemment qu'ils se connaissent et qu'ils échangeaient, ça me fait bizarre. Ça a l'air sérieux… Je n'étais pas vraiment préparée… Je ressens comme si on m'enlevait une partie de moi.

S : Pourquoi faut-il se préparer à ça ? Les enfants ne nous appartiennent pas.

P : Oui, tout cela je le sais, ils doivent voler de leurs propres ailes… S'ils sont heureux, nous le sommes aussi. Ça se passe dans le ressenti, les sentiments.

S : Oui et non.

P : ?

S : Ton bonheur ne doit pas dépendre de celui de tes enfants ou de qui que ce soit.

P : Ah oui c'est vrai ça, rho… encore oublié ! En fait je vais essayer de te dire par mes mots ce que je ressens. C'est comme si je n'occupais plus la même place dans le cœur de mon garçon, mais ça c'est une croyance, une peur, c'est ça ? Hihi.

S : Comment le fait d'aimer quelqu'un pourrait changer son Amour pour toi ? Et pourquoi cela devrait-il l'affecter si c'était le cas ?

P : Je comprends, l'Amour Est, il est libre, mais bon… ça m'a bousculée dans mes émotions… Et il m'a demandé si elle pouvait dormir à la maison, ça va si vite, moi, ça ne se passait pas comme ça à l'époque…

S : C'est une réaction due à l'attachement, et à ta dépendance affective ?

P : Rho, encore !

S : C'est normal, ne t'en veux pas.

P : Et nos conversations, est-ce une dépendance affective, dis-moi ?

S : Nos conversations, c'est à toi de sentir.

P : Ben je sens et je sais que ça me fait du bien, que l'on se comprend, et que tu es le seul homme avec qui je partage mes ressentis, je peux en parler à mes amies, mais ce n'est pas pareil, j'aime avoir ton avis. Et toi tu en penses quoi… Ah oui tu ne penses plus, hihi. Par moment j'ai l'impression de te « saouler », encore une croyance ? C'est mon mental qui parle ?

S : Oui, ton mental/ego, qui d'autre ? Mais c'est pas un problème. Juste, sache-le.

P : Oui. Dis-moi, plus haut tu me dis « c'est normal, ne t'en veux pas », peux-tu m'expliquer ?

S : Ben tu ne peux pas être dans la perfection de détachement que ton mental aimerait avoir. Tu es dans la perfection de là où tu es.

P : Arrivera-t-il un moment où je serais guérie de cette dépendance affective ?

S : Tu le seras quand ce sera le moment, quand tu te seras pardonnée (donné la Paix) sur le fait de ne pas l'être. Mais en fait tu es déjà guérie, car il n'y a rien à guérir.

P : Oui, merci. C'est magnifique, Tout mon Être est en Paix en cet instant !

S : Ressens et garde en mémoire ce ressenti.

P : Oui, merci merci, une larme de joie coule. Encore et encore… Je ressens beaucoup de Gratitude pour Toi qui est Moi… pour la Vie…

S : C'est cool, hein ? Cette perfection de Qui Tu Es.

P : Oh oui, je voudrais toujours toujours l'Être…

S : Tu l'es toujours.

P : Oui mais mon mental/ego est là.

S : Il est parfait aussi. Crois-tu un seul instant que la moindre chose qui existe ne soit pas parfaite ? Crois-tu que le Tout n'est pas perfection ?

P : Si, ça me fait penser à Un cours en miracles, que je n'ai pas lu, sauf quelques extraits. Tout est Juste et Parfait, une phrase qui résonne fort en Moi mais que j'oublie souvent, hihi.

S : Alors ton mental est aussi parfait que Tout ce que tu trouves exceptionnellement parfait.

P : Wouah, c'est parfaitement parfait.... hihi. Bon eh bien, il est passé midi. Tu as faim ?

S : Oui, bon appétit, et à très vite…

P : Alors on se dit au revoir et à bientôt. Bon appétit.

P : Coucou mon cher Steph, tu vas bien ?

S : Coucou. Oui je vais bien, merci, et toi ?

P : Oui, bien. Depuis notre dernier échange, je regarde mes peurs, un petit « truc » très subtil a changé ma vision, je ne peux expliquer avec des mots…

S : Très bien. C'est la conscience qui change la vision.

P : Oui, mais j'en ai encore, hihi.

S : Il n'y a pas de « oui mais ».

P : Bon, on enlève le « mais », alors. Une des peurs depuis mon divorce est de manquer d'argent pour mes enfants, tu vois… Et en même temps je travaille à 80 %, je pourrais me remettre à temps plein mais je ne le veux pas, vu le contexte, et d'autre part, ça me fait une pause dans la semaine rien que pour moi. Je culpabilise parfois…

S : Et donc, ta nouvelle vision, vis-à-vis de ces peurs ?

P : Eh bien, les peurs ne sont pas réelles, ce ne sont que des pensées. Changer ma vibration puisque l'on attire ce à quoi l'on croit, et que l'argent est une énergie…

S : J'ai un rendez-vous, je vais devoir te laisser…
– – —
OK, je suis là à nouveau.

P : Alors où en étions-nous ? Ah oui, l'argent... Dis-moi ? Tu ressens quoi par rapport à ce que je dis ? Entre-temps, il m'est venu le fait que c'est ancien, le manque ne fait plus partie du nouveau, des nouvelles énergies…

S : Ce que je ressens en te lisant c'est que tu cherches avec le mental ce qu'il serait bon de penser selon tes connaissances qui restent mentales. Tu vois ce que je veux dire ? Tu essaies de remplacer des concepts par d'autres. J'ai envie de t'inviter à respirer, à faire silence et à voir depuis cet espace non mental. Ressens alors l'énergie Amour. Ressens à quel point cette énergie est sans limite d'abondance.

Ressens que Tout est Amour. L'Argent Est énergie Amour donc sans limite d'abondance. Seul ton choix en modifie l'expérience. L'Abondance Est. On la choisit ou pas.

P : Oui, je crois que je la refuse, je la bloque… C'est joli ce que tu écris, merci. Quand je quitte le mental, et que tu me parles d'énergie d'Amour, je suis de suite dans le Cœur et j'Aime !

S : Alors, depuis cet espace, fais l'Amour avec ton mental. Aime-le. Mélange les deux, mais depuis l'espace du Cœur. Intègre ton mental à cet espace. Tant qu'il y a séparation entre l'espace d'Amour et le mental on ne peut ancrer dans la Vie 3D notre essence 5D. On se place donc dans cet espace d'Amour pur et non jugeant et on intègre la 3D, le mental/ego, la matière… C'est inclusif.

P : Je comprends oui. Wouah, c'est Beau... Merci, ça me fait pleurer à nouveau, larmes de Joie !

S : Bien.

P : Coucou Stéphane !

S : Coucou. Comment vas-tu ?

P : Je vais très très bien, merci, et toi ?

S : Super bien, merci.

P : Cool, je viens de visionner l'émission sur les Fréquences. Oh là là, comme c'est bon, merci. La petite médiation sur le « Qui Je Suis ? », topissime.

S : Oui, c'était puissant.

P : J'ai versé quelques larmes, ça faisait longtemps, hihi, juste au moment où tu as invoqué et prononcé « Ishi-Ne ».

S : Oui, je comprends, elle est tellement douce et aimante. Ça bouleverse.

P : Oh oui, j'Adore, je ressens ce basculement, Stéphane, dont tu as parlé. Je suis en Paix.

S : Super.

P : Merci, je ne recherche plus... Je Vis, j'Expérimente…

S : Génial !

P : Et pourtant ces derniers mois, j'ai été pas mal bousculée ! Merci merci.

S : Oui, c'est normal, avant le basculement souvent ça bouscule.

P : Oui je Vois, mais c'est passé. En cet instant je suis remplie de Joie, d'Amour… Je me sens dans la Gratitude, je ressens la complétude et c'est bon.

S : Je suis en train de terminer le livre, j'ai passé beaucoup de temps avec toi vu qu'il y a nos discussions. C'est chouette de revivre ça et voir à quel point tu as changé. J'ai revécu tout ton parcours depuis plusieurs années.

P : Oui je Vois, j'en suis si Heureuse, merci de ce cadeau Stéphane. Je me sens si différente. Quel changement !

S : Oui, c'est magnifique de t'avoir vu changer comme ça, et cela va certainement inspirer beaucoup de personnes. Merci de permettre ce partage.

P : Merci à Toi, tu as grandement contribué à ma transformation ! J'en suis si émue, touchée… !

S : Avec Joie…

La suite des discussions avec Patricia, ou d'autres personnes qui le souhaiteront, se poursuivra sur le site Internet dans l'espace membre du livre.

Je vous encourage à suivre régulièrement ce qui se passe et se rajoute dans cet espace qui est bien plus qu'une annexe. Le livre n'est pas complet sans ce qui est partagé dans cet espace et je vous y invite pour profiter pleinement de l'ensemble.

Mais continuons avec les phrases clés du livre, cette liste de phrases vous permettra de vous ramener à la Vibration du livre rapidement en la consultant, et de retrouver facilement les passages qui vous intéressent dans l'instant.

C'est parti !

10 LES PHRASES CLÉS

Les phrases clés du livre peuvent vous permettre de trouver rapidement une réponse à vos questionnements dans votre « vie de tous les jours ». Lire le livre et participer à tout ce qui est proposé avec celui-ci ne sert pas à grand-chose si rien n'est appliqué ensuite dans l'expérience.

Voici donc une liste de phrases clés qui vous permettra, à chaque fois qu'un défi ou un questionnement se présentera dans le vécu, de retrouver rapidement la partie du livre qui vous aidera à vous recentrer, à revenir dans ce qui est partagé ici pour passer au-delà de ce qui se présente.

Cela peut vous servir aussi si vous « travaillez » en groupe autour du livre pour répondre au questionnement de celui-ci facilement et rapidement en lisant ensemble les passages qui correspondent à ce qui pose question dans l'instant.

Amusez-vous, inventez vos manières de vous en servir et partagez-les avec les membres. C'est ensemble que nous ferons monter la conscience du groupe au travers des expériences et pratiques de chacune, chacun.

Voici les phrases clés et pratiques du livre :

- Tout ce que je sais, c'est que je ne sais rien. – Page 9

- Chaque point de vue de chaque être humain est unique et juste… Et il ne peut en être autrement. – Page 13

- Je Suis et Nous Sommes toutes et tous un point de conscience exprimé de la Source Une. – Page 14

- Il n'y a que Soi avec Soi et pour Soi. – Page 14

- Je Suis donc Tout ce qui Est, Je Suis à la fois le Créateur de l'expérience et l'expérience, et rien ne peut et ne pourra jamais Être séparé de ce « Je Suis ». – Page 15

- Pratique : Invitation au ressenti de « Je Suis » – Page 19

- Pour changer son expérience vécue il faut modifier quelque chose, changer son point de vue. Il est impossible de voir autre chose que ce que l'on voit si on ne se déplace pas. – Page 23

- Il y a tous ces « vous », cette infinité de « vous » dans des expériences différentes et tout se passe en même temps, maintenant. Page 24

- Chaque « possible » est relié à d'autres possibles « passés » et « futurs », à d'autres possibles dans les dimensions… C'est ce qui permet à ce « possible » d'être ce qu'il est… – Page 26

- Pratique : Ressenti de l'illusion du temps et de la boule de Tous les Possibles – Page 31

- La Paix Est, elle n'est pas à chercher ou à « trouver », c'est un état d'Être immuable qui a été enfoui derrière le bruit du mental, de l'histoire que l'on s'est permis de se raconter dans l'instant. – Page 35

- Vous Êtes, Nous Sommes la Paix qui goûte l'illusion de la non-paix. – Page 36

- Voici un petit truc qui pourra vous aider à dédramatiser les situations extérieures qui vous font encore réagir de manière trop importante : – Page 40

- Cela se mettra en place si vous vous aimez suffisamment pour vous le permettre. Aimez-vous, c'est la clé. – Page 79

- Ce Qui Je Suis est inaltérable, indestructible. – Page 80

- Il ne s'agit pas de nier l'expérience, mais de la vivre en ayant conscience de ce qu'elle Est. – Page 80

- Si je change mon point de Vue, ce que je vois change. – Page 81

- Si je change mon point de Vue sur mon expérience, mon expérience change. – Page 81

- Une fois que le basculement de la conscience est effectif, une fois que l'Être prend les commandes à la place du mental/ego, toute cela disparaîtra. – Page 81

- Chaque fois que quelque chose ou quelqu'un provoque une réaction désagréable dans le ressenti on peut revenir à : – Page 81

- Cela se fera de manière consciente et voulue jusqu'au moment où l'Être prendra le dessus sur le personnage, à cet endroit dans l'expérience il n'y aura plus à chercher quoi que ce soit ; le mental/ego ne sera plus à la manœuvre et se sentir bien deviendra l'état naturel et non recherché. – Page 83

- Tous les plans construits à partir du personnage sont des empêcheurs de l'apparition du chemin magique du Cœur – Page 86

- Ce n'est pas ce que je vis et crois subir qui m'impose la vibration, mais bien ma vibration qui projette ce que je crois subir. – Page 86

- La prison du mental est goûtée, mais je peux la quitter à chaque instant. – Page 86

- Si je retire toutes les croyances, il ne reste que le Je Suis, la Source Une de Tout ce qui Est, et cela ne peut être ni détruit ni enfermé. – Page 87

- C'est très simple, pas toujours facile selon la force des croyances du « là où je suis », mais toujours simple. – Page 87

- La sensation du fait que de changer de point de Vue est difficile est là aussi une croyance, un conditionnement issue de notre éducation, de notre histoire personnelle et collective, et je peux l'observer de la même manière que tout ce qui peut à un moment donné me limiter – Page 87

- Je dois rester humble, ne pas me mentir et choisir un point qui me soit atteignable vibratoirement dans l'instant. – Page 88

- La loi d'attraction est fondée sur la croyance de la séparation du résultat. – Page 88

- Ici, avec la boule de Tous les Possibles, il ne s'agit pas d'attirer quelque chose à soi, de créer quoi que ce soit, mais de déplacer sa conscience vers quelque chose qui existe déjà. – Page 89

- Il ne sert à rien de modifier l'extérieur par l'extérieur si l'intérieur ne bouge pas. – Page 89

- Ce qui semble juste et facile à comprendre pour vous peut être complètement incompréhensible et inacceptable pour l'autre, et ce n'est pas à juger. – Page 90

- Il y a toujours une autre manière de voir ce qui se trouve devant soi. – Page 91

- La seule prison qui puisse exister est celle du point de vue limité du personnage qui est le résultat de ses croyances. – Page 91

- Commencez par de petites choses faciles à faire bouger. – Page 92

- … étant limité vibratoirement à une certaine plage de fréquences, en cet instant, la Vérité Une me sera peut-être inaccessible et certaines choses incompréhensibles. – Page 92

- Nous pouvons également convenir du fait que les plus grandes transformations positives personnelles ou collectives découlent souvent d'expériences compliquées ou même vécues comme inacceptables au premier abord. – Page 93

- Ce sera le retour à l'étonnante simplicité de l'Être qui observe, participe et affirme sa particularité dans le Jeu de la Vie, la magnifique Particularité au service du Tout. – Page 94

- Une fois la direction du basculement prise et solidement installée, plus rien de tout cela ne vous sera nécessaire. – Page 96

- La Vie est simple, ouvrez-vous et offrez-vous cela. – Page 98

- Cet état d'Être, cette envolée vibratoire, peut au début être vécu dans l'éloignement de la « réalité physique ». – Page 99

- Tout à changé, mais rien n'a changé. – Page 99

- …des tristesses, des peurs et d'autres émotions peuvent se présenter, mais ce sera immédiatement « Vu » et accueilli sans qu'il y ait intention mentale de cet accueil. – Page 100

- L'autonomie n'est alors pas le fait de ne plus avoir besoin de rien ni de personne, c'est la conscience même que cette aide qui se présente et qui est accueillie n'est que le reflet du Soi pour Soi dans l'expérience. – Page 100

- Le Soi s'affirme de plus en plus et c'est cette redécouverte de Qui Nous Sommes vraiment qui s'offre comme le jeu sans fin de la Vie qui s'amuse à s'honorer, à se découvrir depuis l'illusion d'une séparation impossible. – Page 100

- Dès que je crois avoir tout compris, alors, de fait, je n'ai rien compris. – Page 101

- L'autonomie se traduit dans les faits par l'affirmation du Soi à travers le soi. – Page 102

- Ensuite, nous arrivons au choix du non-choix, car le choix en fait disparaît lorsque la Présence, le Soi prend la place. – Page 102

- L'invitation sera donc de Vivre de manière intense cette particularité du Qui Je Suis, de l'offrir au monde, de rayonner cette Vibration unique, cette couleur unique, cette note de musique unique, pour participer pleinement à la symphonie vibratoire du « là où je suis ». – Page 103

- La Vie Est la Vie et tout est dit. – Page 103

- Pratique : La danse de la Vie – Page 103

11 VOS QUESTIONS

Il vous est conseillé ici de noter vos questionnements au fur et à mesure de la lecture du livre, vous pourrez ainsi les retrouver facilement pour participer aux émissions et les poser en direct ou me les envoyer par e-mail.

Jouez le jeu ; en plus d'obtenir une réponse par l'extérieur, il est fort possible que cela déclenche la réponse depuis l'intérieur, si ce n'est dans l'instant, dans les heures ou jours qui viennent. Observez cela avec le sourire :-)

Voici donc votre espace sous forme de quelques pages blanches :

VOS QUESTIONS :

VOS QUESTIONS :

VOS QUESTIONS :

VOS QUESTIONS :

VOS QUESTIONS :

VOS QUESTIONS :

VOS QUESTIONS :

VOS QUESTIONS :

VOS QUESTIONS :

RESSOURCES

Correctrice du livre :

Caroline Sekine
caroline.sekine@gmail.com

« Merci Stéphane pour ce bon moment passé en compagnie de ton livre. J'ai corrigé dans de bonnes vibrations, et travailler dans la Paix, l'Amour et la Joie, c'est chouette ! Toute ma gratitude pour cette belle expérience, et belle vie à ton livre. »

Photographe - (photo de Stéphane Colle en dernière de couverture) :

Emmanuel Lefebvre
06.70.17.44.53
art2reve@free.fr
www.regart2lumiere.fr

30387065R00132

Printed in Great
Britain
by Amazon